ヒマラヤ聖者の太陽になる言葉

ヨグマタ
相川圭子

河出書房新社

ヒマラヤ聖者の
太陽になる言葉

はじめに

あなたは幸せになろうと、一生懸命に自分を磨いています。成長したい、素晴らしい人になりたい、あれが欲しい、ああなりたい、あるいはゆっくりしたいと、努力や我慢を重ねてきました。

そのことに、お金や時間もかけてきました。しかし、何を行っても、何を得ても、すぐ飽きてしまい、何か深いところが満ちたりないのです。

正しいと思っていることも、何かが間違っているのではないかと、感じることもあるかもしれません。そんなあなたに、ぜひ伝えたいことがあります。

あなたが最速で輝く方法があるのです。

すべての人に、神からいただいた愛をシェアする仕事を、私はしています。愛をシェアされた人には、最速で幸せがやってきます。

あなたの中には、幸せの種がもともとあるのです。その種を芽吹かせていきましょう。

私がこの道を進んだのは、私の運命です。


私はいわゆる聞き分けのいい子で、みんなにも好かれていたようです。そして学業はすべて好きで、なぜ、と物事の成り立ちを追求し続け、とりたてて悩みもなく、幸せな日々を過ごしていました。

そんな私が、もっとたくましく丈夫になりたいと、あれこれ調べ、ヨガに出会ったのは10代の後半です。当時、姉がクモ膜下出血で半身不随になってしまったことに運命の悲しみを感じ、何とかしてあげたいと思ったことが、ヨガの学びに拍車をかけました。

当時は、ほとんどの人がヨガなど知らない時代です。それでも、持ち前の研究熱心な性格で情報を探し求め、どんどんのめり込んでいきました。ヨガの呼吸法やポーズ、さらに根本にある精神性や歴史なども勉強しました。そのほか、健康法なども研究しました。

そうして、まわりから勧められて、カルチャーセンターの講師として、ヨガの指導をするようになりました。それは、いまから40年以上も前で、20代のころです。ヨガを指導しながら、インド各地のヨガの道場に何度も行き、中国やアメリカ、ヨーロッパなどで、ヨガや心理療法、ヒーリングなど西洋のもの、東洋のものの各種の療法を学び、ヨガの本も書きました。

ヨガ教室などほとんどない時代に、私の教室の数がどんどん増えていき、インストラクターの養成にも力を注ぐようになりました。私の探求心はさらに旺盛になり、30歳をすぎてからもアメリカを訪れ、最新の自己啓発や心理療法、スピリチュアルな癒しのセミナーを探し、実際に体験もしました。また体の動きも研究し、ダンスも習いました。

そんな中で、ヒーリングのムーブメントを加えたオリジナルのヨガダンスを創り、ヨガダンスの本を著しました。それは30代中ごろのことです。そのヨガダンスは、アメリカのスピリチュアル文化センターで衝撃を与えたようで、そこから、ぜひ教えに来てくれないかと東京の私にお呼びがかかりました。私は、そのとき、ニューヨークまでは教えに通えないと、断ったのです。まさか運動が苦手の私が、踊りの先生としてアメリカに呼ばれるとは。しかし、その後、私にヒマラヤ修行の運命が待っていたのです。

私の探求心は、さらに最高のものを求めるようになりました。それは、最高の悟りです。ほどなく、運命的な出会いがありました。もと空軍パイロットだったことからパイロットババジと呼ばれる彼は、現代では世界で最も有名なヒマラヤ大聖者です。テレビ局の招待で、彼は日本に来て、番組で公開サマディを行ったのです。私はテレビ局からその手伝いを依頼されました。

それは4日間にわたり、密閉された地下（アンダーグラウンド）で、深い瞑想から、それを超えて究極のサマディ（悟り）に達し、神と一体になる、最も過酷な修行です。

行事の終わった直後、「ヒマラヤで、修行をしないか」と、パイロットババジから、声がかかりました。

ヒマラヤ聖者は、究極のサマディに至って聖者になる魂を探しています。私はその対象として運命的に選ばれたのです。私は、迷うことなくヒマラヤの奥地を訪ねました。それから毎年ヒマラヤに行き、厳しい修行を続け、さらにパイロットババジのマスターである、伝説の大聖者ハリババジに邂逅《かいこう》しました。それは、1984年のことです。

ハリババジから祝福（ディクシャという ヒマラヤ聖者の秘法伝授）をいただき、私はハリババジの弟子となりました。そのため、私とパイロットババジは、兄弟弟子となりました。

そして毎年各地のヒマラヤ秘境を旅し、いろいろなヒマラヤ聖者に出会い、また深い瞑想に入っていったのです。そして、ついにヒマラヤの秘境で4日間の死を超えての究極のサマディを成し遂げ、宇宙のすべての真理を知る者となりました。

私はサマディからの愛を、日本で伝えたいと願っています。それは、みなさまを目覚めさせ、真の幸せにする真理のシェアです。能力を開発したい人、成功したい人、悩み迷うすべての人への贈り物です。最高の人間開発の道、本当の幸福から、さらに悟りへの道を分かち合います。

私はあなたの中にヒマラヤの静寂と、大自然の力があることを知っています。私は、悟ることで、あなたの中を目覚めさせ、変容させ、運命を幸せにする力をいただいたのです。

あなたの奥深くには、あなたに命を与える美しい神秘の存在があります。それは魂、輝くダイヤモンドです。それに出会うことは、あなたが最高に輝くことなのです。あなたは、ヒマラヤの愛の恩恵で変容し、そのダイヤモンドに出会えるのです。

この本を何気なく手に取ったあなたが、どこか1ページ、どこか1行にふと目を留めて、何かに気づいたら、ちょっと立ち止まってみてください。

本に書いてある言葉の意味を考えるのではなく、静かに目を閉じ、心を止めて無心になってほしいのです。それが、旅の始まりになります。

この可愛らしい本は、本物の愛を求め、本物の智恵を求め、本当の生き方を求める、あなたへの小さなプレゼントです。けれど、その小さいプレゼントが、これから始まるあなたの「旅」の大きな一歩になることを、心から祈り、あなたに愛を贈ります。

ヒマラヤ聖者の太陽になる言葉／目次

ii あなたの奥深くにある愛と出会う

常に成長したいと願っているのに思うようにいかないあなたに

iii 心を整えるためのヒント

日々の生活で心が疲れてしまったあなたに

Ⅳ 無限の愛とともに「いま」にいる

いろいろな人間関係にいつも悩んでいるあなたへ

V だれの中にも太陽が輝いている

自分自身を好きになれないあなたに

Ⅵ「悩む」ことのない生き方
未来のことが気になって仕方ないあなたに

VII

宇宙につながり癒される

いつも体、心のどこかに不調を感じるあなたに

VIII 瞑想について、もっと知りたい

ヒマラヤで出会った本物の瞑想をあなたに

i
自分という小宇宙への幸福な旅

＊

幸福になりたいのに、
何が本当の幸福か迷っているあなたに

どんなに豊かな生活でも、
望みがすべてかなっても、
いまだ何か満たされないのです。
それは何なのでしょうか。
欲望を満たす外側の旅を続けるだけでは、
本当の幸せはやってこないのです。
あなたの内側深く見えないところに、
尽きることのない豊かさがあります。
そこへの扉を開きましょう。

✴ 欲しいものを手に入れても、すぐさま違うものが欲しくなる 欲しがることで、幸福が遠ざかっていきます

幸福とは何でしょう。

いま、あなたが一番欲しいものは何でしょうか。仕事の成功、生きがい、理想の伴侶、貯金、老後資金、豪華なディナー、健康な体、それとも時給の高いバイト、ステキな人の優しいひとこと……。

人によって「欲しいもの」は違います。そして、それぞれみんな「あれが手に入れば幸せ」「これさえあれば幸せ」と思い、それを手に入れようと懸命になって生きていることでしょう。そこに、苦しみや喜びがあることでしょう。

そして、欲しいものを手に入れて喜びます。しかし、それもつかのま。手に入れたとたんに、気持ちが変わってしまったという経験はありませんか。

何より望んでいた結婚も、やがて色あせてしまい、ものすごく欲しかった車も、嬉しいのは、手に入れた直後だけで、じきに別のものが欲しくなってしまったかもしれません。

このように次から次へと人は常に欲望を満たし、生きているのではないでしょうか。いろいろと体験をして、満足したいのです。たとえば時計が欲しいとなると、それをたくさん集め、コレクションしたりします。次第に執着が強くなり、こだわりになっていったりするのです。夢中になってこだわっているのも、その人にとっては、一種の「幸せ」なのですね。

「追い求めることが楽しい」という人もいるでしょうが、本当にそうでしょうか。幸福になりたい、何かが欲しいと強く願っている人は、まず自分の心をちょっとのぞいてみてください。「みんなが持っているから」「何となく」「もっと欲しいから」という理由なのでしょうか。でも、よく考えたら、あんまり欲しくないかもしれません。ただ習慣のようになっているだけなのかもしれません。

心とは、何なのか。そのからくりを知り、それがコントロールできるようになる。それが「幸福」を知るための最初のステップになるでしょう。

✴ 心は「安定」を求めながらも常に動きたがるもの 心が喜ぶことは本当の幸せなのでしょうか

欲しいものが手に入ると、気持ちは一瞬満たされ、嬉しく感じます。節約して買ったものであれば、満足感もあります。コツコツ勉強して取った資格や合格なら、大きな達成感と解放感に満たされます。

「これでいい」という、一段落した安定感が、嬉しさになります。しかし、その安定した喜びもつかのま、次はあれ、あるいはこれと欲しいものが浮かび、そこに再び向かいはじめることでしょう。

仕事や勉強の能力が高くて、体もじょうぶな人ほど、次から次へと望みに向かって、走り続けていきます。その人は、いったいどこへ向かっているのでしょう。

もしかしたら、「幸福」の意味さえ、あまり考えるヒマがないのかもしれません。いま何が欲しいですかと聞くと、「もうちょっとのんびりする時間」という答えしか、返ってこないかもしれません。

でも、本当に「のんびり」すると、かえって不安になって、すぐに仕事や勉強をはじめてしまうのではないでしょうか。

がんばることが好きで、それを続けていると、疲れていても疲れたと感じないで、やがて深いところで疲れきってしまいます。

こうした生き方は、あまり「幸福」ではなさそうです。幸福になるために疲れる——大きな間違いをしているのかもしれません。幸福というのは、「感覚の喜ぶこと」「心が喜ぶこと」ではないのかもしれません。

✴ 心をつかいすぎるから疲れてしまう 心を浄化することを知ってください

「幸福になりたい」と考えて生きている人の多くは、心を一生懸命に働かせます。その心の働きが、心はもちろん、体も消耗させていきます。現代生活は便利で快適ですが、忙しすぎるので、心のエンジンを常に大回転させています。

人間は自然の一部、宇宙の一部ですから、自然の法則、宇宙の法則に反したことをすると、消耗してしまいます。いろいろなことがうまくいかなくなって、それが体に来ると病気になってしまいます。

陽《よう》である太陽、そして陰《いん》である月は、交互に昼と夜を創り出します。太陽が出ているとき、すべての命あるものが働き出します。太陽が沈むと月が昇って月の光で癒しが始まります。静かな波動で興奮は鎮《しず》められ、安らぎ、回復するのです。

そうした自然のリズムがあります。そうした自然に反する、リズムが狂ったままの生き方を続けると、心身のバランスが崩れ、病気になってしまいます。

人類は電気を発明し、夜も照明で明るくし暗闇を征服しました。夜も活動しているのが当たり前の環境にあります。夜になって眠ろうとしても、今日の仕事の反省、また明日のスケジュールの確認と、心が働いたままの人が多いのではないでしょうか。なかには、なかなか眠れないという人もいるでしょう。

ですから、現代の生活では、不自然になった生理機能を正常に戻すために、意識的に自然を取り戻さなければならないのです。

それと同時に、現代の豊かさに対応するには、体と心を目覚めさせ、進化もさせなければなりません。それは、潜在意識の開発です。

眠りの機能や内臓の働きは、自律神経が司《つかさど》っています。人間はさらに自律神経までコントロールできるように進化していく必要があります。そうでないと、ストレスでバランスを崩し、病気になることは必然です。人間は心をつかいすぎているのです。

心と体を上手につかうためにどうするか。どうしたら心が平和に、またより自然になるのでしょうか。

そうした進化への道が、サマディへの道、悟りへの教えにあります。サマディへの道には、すべてを癒し、力を与える恵みがあります。それを歩むことで、自然を取り戻し、それをコントロールできる超自然の力を得ることさえできるのです。

それは私の出会ったサマディ、つまり悟りの智恵と愛にあります。それはあなたにもあります。すべてを癒す神のような愛の回路を得ていくことです。そこには平和と調和があります。

内側を磨くことによって、それが可能になるのです。

✴ 病気から回復したときの喜びを思い出してみて それだけで、どれほどあなたは幸福でしたか

「本当の幸福」「本当の喜び」といっても、それがどんな感覚なのか、わかりにくいと思います。それは、深い瞑想に入り、源《みなもと》の存在と一体になった体験をしなければわからないのです。

意識の状態が、いまの状態ではなく、心を超えた状態になるのです。神から送られてきたときの状態に戻る、本当の自分になり、神と一体になったのち、この世界に戻ったとき、ただ自由なのです。

源の存在と一体になることは悟りを得ることです。そこに至るプロセスの中で瞑想を進めていくと、内側から浄化され変化が起きてきます。

しいていえば、そうした気持ちの変わり方は、病気から回復したときの気持ち

に似ていなくもありません。重い病気で、命さえ助かればと思い、そこから生還したとき、気持ちが楽になり、目に入るもの、触れるものすべてが嬉しく、ありがたく感じるのではないでしょうか。雀のさえずり、道端の草花、地面を這うアリさえも、愛《いと》おしく感じられるかもしれません。

ストレス社会の中で、いつも心に何かしらの思いを抱えていると、小さなことに命の尊さがあることなど、すっかり忘れてしまいます。

そのことからも少しわかるように、幸福というのは、外からもたらされるものではありません。幸福はあなた自身の中にあるのです。

けれども、心にはさまざまな思いや記憶の蓄積があり、それがあなたの純粋な心を覆ってしまっています。その思いに翻弄されているのです。

心の奥深くには神秘な力があります。見えないあなたを生かしている存在です。それが、魂です。それを本当の自分といいます。あなたは魂につながると、そこからの平和な満ちたエネルギーを感じ、そこに幸福を見つけることができます。

どんなに強そうに見えても、あるいは弱いように見える人であっても、みんな平等に、心の奥底にはあなたと同じ魂を持っています。

本当の自分との出会いが、あなたに安らぎをもたらすのです。心はよいとか悪いとかいうものではありません。ただ心にはさまざまな機能があります。それをつかいこなしていくには、意識が進化すること。それが、成長なのです。

そして、正しい心の扱い方を学び、あなた自身をより深く知っていくこと、本質に出会うことで、あなたは幸福に近づいていくでしょう。

✴大自然の中に身をおいたときに感じる宇宙との一体感を常に持つことが真の幸福

ヒマラヤの聖者はいまから5000年以上も前に、人間は宇宙と同じ素材でできていること、そして宇宙と同じ仕組みであることに気づきました。そればかりではありません。自分という小宇宙を、みずから思いのままに支配できる方法を発見したのです。

創造の源に還《かえ》り、「神になる方法」、仏教的にいうと「解脱《げだつ》する方法」を発見したのです。このことは人類の奇跡です。人間にしかできないことです。

ヒマラヤの聖者は深く神を信じ、深い瞑想から、さらにそれを超え、究極のサマディ修行で神と一体になり神となったのです。

それは超人になる神の叡智《えいち》であり、偉業です。秘密の教え、秘教なのです。その教えは師から弟子へと口伝《くでん》で授けられ、いまなおそれが守られています。それは、小宇宙が変容する真の意味での再生です。それは紙面で、簡単に伝えられるものではありません。文字にはできない教えです。また、正しい目的のためにしか伝えられない教えです。しかし、あなたの中にも神秘な存在があり、その力で生かされていること、そしてそれを引き出すことができるということは、いえます。私が体験したその愛とパワーを、本書を通してお伝えしたいと願っています。

あなたは神の源から送られた存在です。その肉体は、大自然の表れです。まずあなたの外の自然を感じてみます。心を休めて、青い空、大きな海、静かな川の流れなどのイメージを、膨らませてみましょう。

私たちの中に、魂という名の「太陽」があり、その光で力をいただいています。肉体は「大地」、血流や神経などは「川の流れ」で、光から力を得て、活発に生きるのに必要なものを創り出しているのです。人間の体は小さな宇宙そのものであることに思いを馳せてみましょう。

体の中の宇宙は、外の宇宙と同じなのです。偉大な存在がこの世界とこの小宇宙を創ったのです。外の宇宙の感覚を体の内側にも感じ、その力を取り入れることができるのです。

ii

あなたの奥深くにある愛と出会う

✳

常に成長したいと願っているのに
思うようにいかないあなたに

人は小さな心のこだわりで、
そこにとどまっています。
そして、嫌なことを忘れずに、
そのことを糧《かて》にして生きているかのようです。
あなたは、いま、
ただ無条件に愛されていた、
そのことに気づくのです。
それが、無限の存在の愛です。

✴「勉強」「資格」「スキルアップ」は、社会で生きる心の力です それを利用しても、それに利用されないように

仕事をしていると何かと「勝ち負け」が気になるようです。いろいろな競争相手がいるからでしょう。

A社はB社に勝ちたいと思ってがんばっているし、社員のAさんは同僚のBさんに負けたくないからと、成長のためのスキルアップを目指してスクールに通い、体力を鍛え、がんばっています。

そうして、一つの学びを手に入れたら、次にもう一つ学びたいと欲が出てきます。もっと成長したい、それもエゴから出てくる欲です。物欲と同じです。

成長のために高い目標を持つことは、間違いではありません。しかし、常にだれかに勝つためにがんばり続けることは、あなたをひどく消耗させているのです。

じつは「成長」のための各種の努力も、「健康」のための摂生《せっせい》も、こだわりとなり消耗になってしまうことが多いのです。

会社で、学校で、主婦の集《つど》いで、人と比較してばかりいて「負けられない」「成長するのだ」とがんばっていると、疲れてしまいませんか。

勝つために競争して心が消耗し、本当の自分から離れていくのです。正しいと思ってしている努力も執着になります。それも欲なので辛いのです。

仕事の技術やマナーについては、知っておかなければならないのですが、こだわりすぎると疲れます。それらのテクニックの本をいくら読んでも、セミナーや勉強会に参加してみても、そこで得た「知識」は他人の体験や考えです。本質からの「智恵」ではありません。やがて変化して忘れられ、新しい知識に取って代わられるのです。

多くの人は、そのことに敏感で、「最新の情報」が出ると、すぐにそれに飛びつかないと不安で仕方がなくなってしまいます。それは執着であり、一種の依存なのです。これは、他人の考えに翻弄され、依存しているということです。

✴

常に成長したいと願っているのに
思うようにいかないあなたに

何かが違うと思いませんか。もっと自分自身を信頼していく回路を構築しましょう。自分からも生み出す回路を開発しましょう。

あなたが本当に成長したいと思うなら、外側のテクニックの追求のみでなく、まず内側から智恵が湧く回路を目覚めさせるのです。その智恵はすべてに対応できるオールマイティの力を持つものです。すべての智恵を生み出し、楽に、トータルに、自然に、成長することができます。それは外のテクニックもいいものに変えるのです。

両手に物を抱えていたら、他の荷物を手に持つことができません。それを手放さなければ、もっと素晴らしいものを手に入れることができないのです。

いま持っているあなたの執着を手放します。手放すことは、損をすることのように感じられるかもしれませんが、こだわりが取れ、その奥にあるすべてを知る本質、神に近づきます。

生命力の源泉に近づき、源つまり神とのパイプを強くしていくことになります。神の中にはすべてが含まれ、愛とパワーと智恵があります。そこにつながることで智恵を引き出し、最高の能力を開発できるのです。そして、楽に生きていくことができます。

知識やテクニックを学ぶことで、よりよいものが選択でき、不必要なことをすることもなく、無駄がなくなります。集中力や理解力、斬新なアイデア、整理力と、あらゆる必要な能力が開発されてスムーズにいくのです。

源の智恵との出会いにより、あなたは生き生きとして魅力的な人間になり、智恵が湧き、知識も輝くでしょう。その力によって何事も早くでき、また執着することもないのです。やがて悟りに向かうのです。

✴まわりの人と競争するのではなく だれの中にもある「神様のクオリティ」を尊敬します

自我を大切にする、個性を大切にする、しっかり自己主張をするという考え方には個人主義、民主主義の影響があるのではないでしょうか。日本人はもともと引っ込み思案で、調和を重んじて自分の意見を強くいわず、話し方もとても婉曲《えんきょく》です。

戦後、日本人の「本音と建前」は、ビジネス現場では独特すぎて、海外の人には伝わらず、「いつもニコニコしているけれど、何を考えているのかわからない」といわれてきました。

日本人は真面目で一生懸命ですから、自分たちの「欠点」を直そうとしはじめます。英語を学び、外国人とのコミュニケーションに慣れようとし、プレゼンテーション能力を高め、自分の個性の主張法を勉強しました。

けれど、日本人が「欠点」と思っていたものの中には、実はとてもよいものが含まれていました。慎み深さ、丁寧さ、人の気持ちを推し量ること、善行をひけらかさないことなどです。

いまも「成長」という名にとらわれて、個性を伸ばし、自己表現するためのマインドパワーを強くしていく勉強を、多くの人がしています。瞬間ごとに優劣を比較し、ジャッジし、他人に勝とうとする競争社会的なあり方です。ジャッジとは、自分の価値判断で他者を裁いてしまうことです。

しかし、いまの時代に必要とされているのは、見えない存在を信じるインド的なもののようです。

宇宙には見えない神秘の存在があり、その力によってこの見える宇宙が創造されました。その神秘の存在が神といわれる存在です。

神を信じます。それはこの小宇宙の私たちの中にもあります。その力によって生かされています。それを信じることは、そこからの恵みをいただくことなのです。ですからお互いに尊敬し、拝み合うのが一番よいのです。

あなたに起きていること、自分が持っている資質も、神が贈ってくれたものなのですから、欠点も含めて学びのよいきっかけとして、すべてに感謝をしていきましょう。

競争社会に順応しようと努力して消耗する日々。ほんの少し、その忙しさを忘れて、無心に戻ってみてはどうでしょうか。

アメリカ社会でも70〜80年代以降、競争に疲れた人が精神世界に目を向けるようになり、さまざまなブームが起きました。ヨガなどの考え方を採り入れたものもありましたが、それはごく一部で、しかも表面的なものでした。そのほかのものも、ヒーリング、リラックス、美容を目的としたものでした。

この本を手に取った方には、ヨガの本来の目的は、見えない存在、神に出会うことであると少しでも知ってほしいと思います。

✴
自らのエゴに気づくことは辛いけれど そのあとにクリエイティブなパワーがもたらされるのです

本当の成長の第一歩は、自らのエゴに気づくことです。エゴを知ることは、そこから解放され、本当の豊かさに出会うチャンスなのです。

エゴとは何でしょうか。それは「私」という思いです。自我です。区別する思いです。創造の源の存在である神から離れて自分を守ろうとする思いです。神はもともと私たちを守ってくれ、すべてを与え生かしてくださっています。しかし、心が欲して行動するのです。心つまりエゴは自分が主人であると錯覚します。エゴは注意深くしないと、くっつけ所有するばかりの思いになるのです。セルフィッシュ（利己的）な執着する思いになります。

まずは、自分が執着している物事へのこだわりは本当に必要なのか、必要でないのか。そのことに気づくことは大きな成長です。

人は、いい人になりたいと行動します。その奥深くには、無意識に、褒められたい、いい人だと思われたい、成功したい、愛されたい、人気者になりたいというエゴの思いが、隠れているのです。エゴからの思いで努力していることに、ほとんどだれも気がつかず、普通に行われています。なぜなら、心を基準に生きているからです。それは執着や計らいといった欲の心が出発点になっているのです。

人は、神と離れて常に自己防衛する行為をしています。本当に他者のためを願い、何一つ見返りを求めずに、無欲で行動していることなど、ほとんどないのではないでしょうか。一見そのように見えても、それは持ちつ持たれつ「ギブ・アンド・テイク」の関係なのです。

そう考えてみると、自分が嫌になってしまうかもしれません。エゴの利己的な思いに気づくことは、高度な気づきです。また、それに気づきはじめることは、だれにとっても辛く、大なり小なりの痛みをともなうものです。でも、それがあなたにとって、最大のチャンスなのです。

生きるため、生存のためのエゴを落とし、無欲になることはできません。でも欲をほどほどにすることは可能です。

「親のため」「夫のため」「子供のため」「部下のため」「社会のため」と思っていたことの多くは、じつは自分のエゴを満足させるためのものだったのではないでしょうか。立ち止まって顧みることは、とても大切です。

自己嫌悪が襲ってきても、そのあとには必ずクリエイティブなパワーがもたらされます。

社会で人と関わっていくと、多くのストレスもありますが、それは自分のエゴに気づくチャンスです。さまざまな嫌な感覚の中に、エゴの兆しがあります

意見が違い、自分の考えに反対されたりすると、エネルギーに摩擦が生じます。それは嫌な感覚となってわかります。相手のアドバイスの愛を、あるいは自分自身をも受け入れられずに、反発をしているのです。

こだわりを手放しましょう。気づきましょう。愛を選択しましょう。許しましょう。エゴにつながるのではなく、神につながりましょう。

他者との出会いで見える相手への思いは、鏡に映った自分です。すべては学びです。自分の癖などなかなかわからないのですが、相手の対応が変だったとき、そこから自分に何かがあると気づきを持つといいのです。そのことにも感謝しましょう。そして、神につながり本質になっていくのです。そのことでニュートラルになっていきます。そのプロセスも幸福なのです。

✴心の深いところにある純粋な愛につながると智恵や力が湧いてきます

本当の成長というのは、心の深いところにある純粋な愛をシェアしていくことです。人生に何が起きるのか明日のことはわからないわけです。もしかしたら、会社が突然倒産してしまうかもしれません。また大きな災害が起きて仕事や勉強どころではなくなってしまうかもしれません。

社会で仕事をして生きていくうえで、一定の知識は必要です。そこで出世することやスキルを上げることもよい生き方です。しかし、それは生涯続くものとは違います。

もっと成功を早め、ストレスをとりながらパワフルに生きる生き方があります。よりよいチャンスがどんどんやってきて楽に生きていける生き方があります。命の輝きが増す生き方があります。

命を引き出す生き方をするのがよいのです。まずそこにつながっていくのです。さらにそれを強め、引き出していく生き方を学びます。それが優先順位の一番に来るのがいいのです。それが本当の成長をさせてくれるのです。

急に言われても意味がわからないかもしれません。ただ外側の知識を身に付けるのではなく、自分の本質を知り、それを活用するのです。さらに本質そのものが大きな愛であることを悟ることが大切です。

人間の深いところに愛の海があります。だれもがそこから生まれ、それによって生かされ、呼吸ができ、仕事もできているのです。

やがて、体に死が訪れたら、その愛に戻っていくのです。人はそれに気づくことなく、ただ外からの刺激や情報、人から自分に与えられるものを求め続けています。心の欲望のみに従っていると本当の自分から離れてしまい、そこを曇らせ否定し、そこからの無限のパワーを引き出せないのです。それはただ消耗していく生き方をしていることなのです。そのことを本当に残念に思います。そうした

✴

常に成長したいと願っているのに
思うようにいかないあなたに

本当の自己を否定する気持ちは、不幸を引き寄せてしまいます。

魂からの願いを否定して、「成長」の名のもとにいろいろな欲望に振り回されるより、無限の愛を知ることの素晴らしさに気づきましょう。それによって楽に解決できる力や智恵をいただけるのです。そして、成長していくことができるのです。

あなたの深いところに愛があります。

愛はあなたを守ります。あなたはそれを信頼します。

あなたはそこにつながり、その愛をシェアしていきます。

iii

心を整えるためのヒント

✳

日々の生活で
心が疲れてしまったあなたに

私たちの「心」は、
私たちのごくごく表層にすぎません。
あなたの本質は魂です。
本当のあなたは、「心」以上の存在です。
心という氷の中に閉ざされたダイヤモンド。
それがあなたの美しい輝きを持った魂です。

✴ 部屋も心も掃除することが大事 少しずつ片付けていきましょう

片付けることは大切です。片付けたくても捨てられない物が、いつのまにか溜まってしまいます。買った物が、どこにあるのかわかりません。そして、ついまた新しい物を買ってしまいます。

その結果、どんどん物が増えていきます。思い切って捨てなければ部屋は片付かないのです。

昨今は、そんな片付けられない人が増えているそうです。

じつは心は入れ物であり、さまざまな思いや記憶が詰まっています。いざというときに、必要なことを思い出せなかったり、たくさんの余計な思いが湧いてきたり、怒ったり、悲しんだり、イライラしたりして、肝心なことに集中できないなど、混乱させられることも多いのです。これらは混乱している思いであり、心のゴミともいえるでしょう。

心の片付けは、物の片付けに似ています。いらないものを捨てていきます。執着しこだわる思いは、心の純粋な思いにくっついたゴミです。心にそれが溜まると心はもちろん体も苦しくなります。

「心を空っぽにする」「無心になる」なんて、とてもできなくなります。

心の中のゴミは執着、欲、ストレス、こだわりなど、一般的に「悪い」といわれているものばかりではありません。「いい人になりたい」「成長したい」という欲もあります。それが欲だと、なかなか気づかないのですが、そうしたこだわりがあなたを苦しめることも多いのです。

心のゴミは、少しずつ手放しましょう。

いらないものを手放すのは簡単です。なぜなら、それはもともと捨てたいゴミだからです。しかし、執着がないものを捨てても、それほど心の浄化にはなりません。

執着をとるには、捧げる行為をします。あなたがとらわれのない心への進化、また愛ある大きな心に進化するには、欲しがるより、捧げる行為である布施《ふせ》をするのもよいでしょう。正しくつかわれ、みんなの意識が高まるつかわれ方をするお布施がよいのです。あなたが寺院をつくるのもいいでしょう。時間を人のために捧げることもよいでしょう。人を助け、さらに自分の大切なものを人に捧げましょう。

まずは小さなことからはじめ、心の中の荷物やゴミを少しずつ捨てていくことを意識しましょう。

そして、それが人の役に立つ行為に進化していく形で心を浄化していくのです。もったいない、持っていたい、というものを手放したとき、あなたは心の「軽さ」と「自由さ」を、ともに感じることでしょう。

人間の心には「ものをくっつける」性質があって、まるで磁石のようです。ついついいろいろなものをくっつけてしまう心の働きに気づいて、よけいなものを引き離していくことで心を軽くし、自由になることができます。また、よいことをして、無欲になって執着を取ると心が楽になるのです。

心のゴミを取り除くのに、最も適しているのは瞑想です。心の中を高次元のエネルギーで溶かす瞑想に、ぜひ出会っていただきたいと思います。

心は何層にもなっていて、そう簡単には浄化できません。本当の自分に出会う修行をします。心を浄化し執着を取り除くことで、本当のあなた＝魂が見えてくるのです。同時に「心」から「愛」への進化をします。くっついけるより、愛の形で差し出しましょう。

✴ 心の中には、いろいろこだわりがいっぱいで それが苦しみのもとになっています

あなたの心の中には、何がありますか。心は、いろいろなものを抱え込んでいます。そして、心は一生懸命です。あなたはいつも心をつかっています。捨てる

ことができたということは、そのものへの執着がはずれたということです。ものへの執着がはずれた心には隙間ができ、リラックスできるようになります。

部屋をつかっていると散らかってゴミが増えます。それと同じように、心の中に長年にわたる失敗や成功、楽しいこと辛いこと、思い込みや執着、こだわりなどが、ゴミのようにいっぱいになっています。お掃除をしたことのない心なら、なおさらです。

そうしたものを捨てていくのがいいのです。心を空っぽにしていくのです。つまり、心を浄化するということです。人の中にはそうしたさまざまなストレスが積み重なって記憶されています。また、それらが同じようなエネルギーを引き寄せる働きになってもいます。磁石のように引き寄せるのです。

もしあなたが、他人の言動への苛立《いらだ》ちや、家族への不満、時間に追われての焦り、恋人への嫉妬、お金持ちをうらやむ気持ち、いじめられて恨む心など、「もし、それがなければ楽なのに」という思いを抱えていたらどうでしょう。

それらの負の感情は、お金や物が手に入ったときに満たされて、消えるものではありません。その心を浄化していく必要があります。

あなたは、社会が悪い、あの人が悪い、あるいは何で自分はこんなふうなのだと、人を責めたり自分を責めたりするかもしれません。心はそうしたものを連綿と引き寄せていきます。子供のときの体験にスイッチが入るとそうなりやすいのです。それを断ち切るには、あなたは信頼のもとに高次元のエネルギーにつながり、その深い思い込みや記憶を見て、浄化する必要があります。

サマディパワーはそうしたエネルギーに寄り添って、気づきと浄化を与えます。いきなりの強引な浄化ではなく、気づきながら本人の理解で進むことが大切です。また祝福をいただくと最速で浄化が起き、奇跡が起こります。次第に心が浄化されて真理に気づくと、心の奥深くにある魂は自由になります。体や心が魂から力を得たとき、心の曇りが取れ、真の智恵が目覚めるでしょう。

✴ いいエネルギーにつながっていくと
心の思いを手放し
魂に近づいていく

人間の心はクリエイティブに、さまざまな便利なものを発明します。そして素晴らしい文明、文化を築いてきました。それは神のような力をいただいているのです。思いやりがあり、人を助け、人を育て、人間的にも成長していきます。

しかし、ときにその心が苦しむこともあります。心が痛み、嫌悪感が湧いてきます。その一方で心があるからこそ「楽しい」「嬉しい」、それに「好き」だと感じることもあります。心は喜びと苦しみを繰り返すのです。

心の思いによって軽かったり重かったりと、心に翻弄されています。そうした心を支える見えない存在があります。それは不動のエネルギーです。心を浄化すると、そうしたエネルギーが現れます。

いつも安定して純粋で、高いエネルギーを保つ方法があります。

それは、源の最高のエネルギーにつながることです。

神につながるのです。

心の性質を知っていかなければ、その心に翻弄されて苦しむことになります。

また嫌な感情やよい感情があって、心というのはじつに移ろいやすく変化します。

その変化は、一瞬のものです。

心の満足も一瞬のことであり、次の瞬間にはもっと満足感のある刺激が欲しくなります。そうして、人は過剰にエネルギーをつかい、心をつかいすぎて消耗してしまうのです。心配するのはやめようと思っても、「わかってはいるけどできない」のは、長年にわたってつかい続けた「心の癖」です。

心には、過去生を含めた過去の体験、経験など、すべてが刻み込まれています。

それを「カルマ」（業《ごう》）といいます。瞑想し、よけいなものを捨てていくということは、悪いカルマを落として、魂を浄化していくということです。

自分は「心」だけで生きているのではないこと。その奥に「魂」＝「真の自分」があること。それを知ることが、幸福につながるのです。そのことを信じて生きていきます。「本に書いてあったから理解した」というのではなく、悟っていくのです。

悟るにはどうしたらいいのか。その道はだれも知りません。だれかがそれをやる必要があります。サマディとは、苦行して創造の源に達し、神を悟るのです。私はその稀有《けう》な教えを実践して、それを体験しました。このヒマラヤ秘教の教えは門外不出なので、一般には出会うことができません。

私はマスターの命で、みなさまの幸せのために、その道を示しています。永遠の存在（神）とつながり、そこからの愛に満たされる生き方です。その存在を愛し、信じる生き方です。自分は魂であることを悟っていく生き方です。

多くの人は、心と一体になって生きていますが、悟ることで自分は「心」だけで生きているのではないことがわかります。それを実際に「悟る」ことが、真の幸福になることです。

そうなるためには心を深く浄化しましょう。気づき、いらないものを手放すことを積み重ねていきます。

それが、魂に続く旅路なのです。

✴ やっかいな人間の心と上手に付き合い さらに深い愛に出会っていきます

動物は心を持っていません。人間だけが、心を発達させてきました。

人間は、一度にたくさんの物を運ぶことができるように、あるいは大きな脳を支えるために、四足歩行から二足歩行になったといわれています。二足歩行になったために、腰痛が起きやすくなったり、内臓が弱くなったり、足に無理がかかったりするようにもなりました。

それは、体が弱くなってしまったということであり、それを補うために心が発達してきたのではないでしょうか。

私は、二足歩行は「人間が神に近くなった」ことの一つの表れであると思っています。「立つ」という姿勢は、体をアンテナにするということで、この姿勢は宇宙から、神からのエネルギーを受け取りやすいのです。

二足歩行は、本来は神様からのプレゼントだったのかもしれません。そして人間は、そのアンテナを正しくつかうという進化の学びを与えられました。人生を生き抜くプロセスで、成長できる課題が与えられているのです。生命維持のためであるとともに、精神の成長の機会が与えられたのです。

それは神に出会っていくということです。源の存在を知ること、真理を悟っていくということです。

心を正しくつかい、美しい心に進化させていきます。神と離れ、心と体の欲望に翻弄されているところから、神につながり直し、神のもとに還るのです。

エゴの発達は、戦争さえ引き起こしていきます。エゴからの争いを断ち切り、それを取り除くために必要なのは、心ではなく愛です。神につながり、神を愛し、心を浄化することにより、平和な人生にしていきましょう。

心を進化させ愛の回路を開きます。あなたは神に近い存在です。さらに意識を進化させ、神聖さを目覚めさせ、「奪う」から「与える」人になりましょう。「捨てる」から「捧げる」人になりましょう。

Ⅳ
無限の愛とともに「いま」にいる

＊

いろいろな人間関係に
いつも悩んでいるあなたへ

「いま」にいるためには、
無限の愛を引き出す実践を行います。
ヒマラヤ秘教の瞑想秘法の聖なる波動を
広げるマントラは、生涯、
あなたに生きがいをもたらしてくれます。
「いま」に生きる。
それは瞬間、瞬間を生きること。

源とつながれば、その力を目覚めさせ、
仕事や勉強などの世間のことは、
たちどころに成就させることができます。

✴ 気をつかうよりも、愛をたくさんつかいなさい まず、あなた自身が変わることから

人は仕事を通して成長し、磨かれていきます。そして、仕事をすることによって対価をいただき、生きるために必要なものを買いそろえています。

生きることには競争がともない、辛いこともたくさんあるでしょう。仕事のストレス、職場のストレスが、ますます大きくなっているようです。アルバイトをしている大学生も、就職活動をしている大学生も、新入社員も、中年の管理職も、だれもかれもが何らかのストレスを抱えているのではないでしょうか。

それら多くの人にストレスを与えていることの一つに、「人間関係」があるようです。上司、部下、同僚、後輩などとうまくいかない。失敗が怖い、叱られるのが辛い。周囲の目が気になって仕方ない。うまく気持ちが伝わらない。嫌われ

ている気がする。そのように訴える人が、たくさんいます。

現代社会は忙しく、がんばりすぎたり、突っ走りすぎたりします。そこで、心が傷つき、迷い、苦しみ、悩むのでしょう。それが、体をむしばんでしまうこともあるのでしょう。

まじめな人ほど消耗していきます。それに気づかないほど忙しい人もいるでしょう。人にはいろいろな考え方、感じ方があり、それぞれ違います。そのことを受け入れられずに、イライラしたり、勘違いをしたりして、摩擦を生じることもあるのではないでしょうか。

そんな中、気をつかうことで丸く収めようとする人もいますが、うまくいかないようです。最も大切なものは愛です。「気をつかうより、愛をつかいなさい」ということです。

みんなの心がイライラしたら、悪い雰囲気になります。そうした心が行き交う中にいると、ますますストレスを受けやすくなってしまうでしょう。心のイライラは、環境に悪影響を及ぼすのです。

あなたが変われば、あなたの環境を変えることができます。出会いの相手は神が送ってくださった学びの対象です。感謝しましょう。あなたの好き嫌いを超えた深い愛を放ちましょう。

あなたの感謝と愛の気持ちがまわりに伝わり、まわりからもよいエネルギーが返ってくるでしょう。雰囲気も浄化され、余計なことが気にならなくなってくるのです。あなたの無限の愛を引き出すために神につながりましょう。心を浄めるために無償の愛をつかいます。

✴ 人付き合いは学び 瞑想は人間関係をよくし悟りに導きます

勉強、仕事、家事、子育てをする中で、人は多くを学び、成長してきました。自分の体も心の働きも、その内側は通常は見えません。心の働きは人を通して見えてきて、自分のいまの心の状態がわかってきます。人との出会いは、自分の姿を見ることになる尊い機会です。

瞑想は人の内面を浄化して気づきを与え、成長させてくれます。瞑想で心の浄化が進むと、自分の心の動きが見えてきます。そして、人間関係から生じるストレスを浄化します。心の中には、いろいろな体験の記憶があります。さらにその奥には、人の本質の神聖なクオリティがあります。瞑想は心身を浄化して、究極には心の源、さらにはそれを超え、創造の源にまで遡《さかのぼ》っていくものです。

ヒマラヤ秘教には段階を追った瞑想、キャラクターや体質に応じた瞑想、願いに応じた瞑想などがあります。悟りへの道、才能開花の道、苦しみを取り除く道などもあります。それらをシッダーマスターがガイドします。

シッダーマスターが神への架け橋となり、信頼でつながることで、心身が最速で浄化されます。あなたは変容し、アヌグラハという神の恩寵のパワーが祝福として与えられます。

正しいガイドがなければ、道すがら何が起きるかわかりません。必ず正しいガ

✴

いろいろな人間関係に
いつも悩んでいるあなたへ

イドに導かれ、正しい心構えで行ってください。

瞑想をしていると、瞑想をしていないときでも、自然に心が落ち着くようになります。すると、次第にいろいろなとらわれから解放され、静かになっていきます。

心は、人によってさまざまなつかい方をしていて、それぞれに応じた癖や執着があります。それは、いろいろなエネルギーがあるということです。それを一つの聖なるエネルギーの波動と一体にしていきます。

音の波動、生命エネルギー（プラーナ）の波動、さらに祝福の波動などの秘法が与えられ、それによって自分の中に深く入っていきます。積極的に体と心を整え、静寂に向かわせるのです。

そうでないといつまでも心は静まらないし、何か考えごとをしているような状態で座っていることになります。こうして静けさの領域に入って、やがて「いま」にいるという感覚が出てきます。過去でも未来でもない「いま」です。

ヒマラヤ秘教は真のヨガです。それは神を知るための修行です。そのプロセスで心が浄化され、自分が変わります。すると人間関係もよくなり、集中力もクリエイティビティも高まり、仕事の効率がよくなり、質も高くなります。

✴受け取ることを期待せずただ与えるのが本当の愛です

何よりも大切なことは愛です。言葉でわかっていても、それを本当の意味で理解するのは、なかなか難しいことかもしれません。

恋人に対する愛情、肉親への愛情、母親のわが子への愛情、隣人への愛情……。それぞれ本当の愛情なのだろうかと、迷うかもしれません。それに、愛情だと信じていたものが消えてしまったり、憎しみや苦しみに変わってしまったり、相手が応えてくれなかったりという経験を持つ人も多いでしょう。

「愛は辛くて苦しい」という人もいます。人を好きになれば、相手の気持ちに一喜一憂します。会えなければ寂しく、ときには嫉妬を感じます。裏切りをおそれ、束縛したい気持ちが強くなれば、いつも相手が何をしているのか、気になるかもしれません。

恋人同士ではなく、親友と思って愛情を感じている相手に対してもそうです。ほかの人と好きな人が仲よくしていると、それだけで疎外感や妬《ねた》みを感じるかもしれません。こういう気持ちというのは、本当に「愛情」なのでしょうか。

それはあなたの「心」がつくり出す「好き」や「嫌い」と変化する思いです。心の執着から発生する感情です。その思いは、それぞれの過去の経験、過去生の行いの結果として積まれた「カルマ」(業《ごう》)に影響されたものなのです。

カルマによって引き起こされる「心」「感情」というのは、人の心の奥にある「真実の自我」である魂を覆い隠してしまいます。「好き」という気持ちと「愛」とは違うのです。

「好き」「嫌い」は、執着、欲をもとにした愛、所有する愛ではないでしょうか。本当の愛とは、神につながった愛です。純粋な穢《けが》れのない愛、神のように平等に愛する愛です。

エゴからの愛ではありません。ハートの奥深くから湧き上がるものです。無限の愛です。その愛は心を浄化し、カルマを浄化して、さらに純粋な心の奥から現れます。

宇宙と一体となった本当の自分からあふれ出るものです。損得で変化しない、見返りを求めない愛です。

「愛してあげたのだから、愛してほしい」「尽くしているから大事にしてほしい」「与えているから感謝してほしい」という感情は、本当の「愛」ではありません。こうした愛は「交換の愛」「欲から出た愛」「心の愛」なのです。

心は変化するとともにその愛は固着し、さらに依存して、本人をますます苦しめます。そして執着し、自分をむしばみ、人も引きずりおろして満足しようとさえします。

本当の愛は、見返りを求めず、ただ与えるのです。無償の愛です。

人のハートの奥には、愛の海があります。それは、真の自我のところにあります。それを目覚めさせましょう。

そのために悟りに向かっていきます。ジャッジせず神を愛します。高次元のパワーをいただき、瞑想秘法の伝授を受け、実践しましょう。高次元の存在につながって、愛します。神に愛を捧げます。神からの祝福があります。神を信じ、ハートの奥からの愛を引き出し、その愛をシェアします。やがて自分の心が浄化され、カルマが浄まり、愛の海、無限の愛と一体になっていきます。

「愛」が辛いのは、見返りを求めているからです。それは、「エゴの愛」です。

神につながっての無限の愛を、執着している相手にも、家族にも、職場の人にもシェアしましょう。それは、見返りを求めない無償の愛でもあります。そうしないと、あなたのエゴが増大して、将来また苦しくなってしまいます。

無償の愛をシェアし、与えることにより、愛そのものになることができるのです。

✴子供を所有物にするのではなく、人格を尊重しあるがままに受け入れ、許し、祈りましょう

母親の愛は無償の愛です。ですが、現実にお母さんから話を聞きますと、子育てにたいへん苦しんでいます。「子供のために」「自分の時間を犠牲にして尽くしているのに」「お金をいくらつかってもかまわない」といいます。

それなのに、「子供がいうことを聞かない」「勉強をしない」「学校へ行かない」ということで苦労をしています。お母さんとの関係は、おなかにいるときはもちろん、生まれてからも、性格を形成するのに大きな影響を与えています。さらに大人になっても影響します。母親の執着が強くて子供が自立できないこともあります。

現代の親子の関係には、いくつもの問題があり、苦しみ、消耗している方がた

くさんいます。昔に比べたら、問題が増えている感じがします。母親が子供に真の愛情を持っていたなら、決して起こるはずがないことだと思います。問題が起きるのは、いまだ心の働きがわかっていない、ただ一生懸命の愛だからでしょう。人に「いいお母さん」と思われたい、子供に慕ってもらいたい愛は、真の愛とは違いますね。愛は見返りを求めません。

「私は違う」「自分のことなど考えていない」と思うかもしれませんが、それに気づくことが一番大切なことです。思い込みやこだわりを捨てることです。

子供を所有物にしてはいけません。自分の子供であっても、一人の人格として、尊重しましょう。すべてあるがままに受け入れ、許し、祈ることが大切です。

自分を見つめ、自分の内側を変えましょう。自分の子供時代のカルマまで癒すと変わってきます。カルマは繰り返すからです。

瞑想をしましょう。子供も瞑想します。私のところでは、親子で高次元のエネルギーにつながり、神を愛します。

そのことにより、祝福で心が浄化され、深い愛があふれ出てきます。母親にも無償の愛が湧いてきます。

子供も神に守られて才能が湧き出て、母親も神につながり変わります。親が変わり子供が変わることで、子育てが自然で楽になり、すべてがうまくいきます。

✴「結婚生活は与え合う場」であることをお互いに理解しましょう

あんなに好きで一緒になったのに、何が不満なのですか。あこがれの結婚をしたというのに、なぜそんなに浮かない顔なのですか。

「あれもしてあげたい」「これもしてあげたい」と一生懸命だったのだけれど、「最近疲れてしまいました。早く帰ってこないし、会話をしてくれない、愛してくれない、私のことをわかってくれない……」

満たされない、不満と不平のストレスがどんどん増えていくようです。

夫としては、「静かにしてくれよ、疲れているんだ」とか、言い分があるでしょう。お互いが、相手にこうあってほしいと望むばかりでは、何も変わりません。不平不満がどんどん大きくなっていって、喧嘩をして、別れてしまうしかなくなります。

結婚は学びの場です。許し合う場です。大きな心になる場です。

さらに理解する場でもあり、耐える場なのです。

それらを、すべて愛に変えて、感謝を捧げましょう。生きていること、家族があることなどに感謝しましょう。

自分自身が変わらなければならないのです。相手の中に自分を見ます。すべては学びです。瞑想をし、内側に愛を満たすのです。

私はあなたを神につなげます。本当の自分につなげます。高次元のエネルギーで楽に瞑想が始まります。自然にみんなの心が変わり、放つ波動が純粋な愛になります。相手も自然に変わって、心がほどけます。相手が安心して愛が目覚めるのです。

自分の態度も自然に、素直になります。そして、自分から楽に接することができます。感謝で行動します。お礼を言う、料理を作る、家族の健康を願う、あなたの愛が強められていくでしょう。

神からの愛が広がります。奇跡です。

神は自然です。それは自然の法則です。あなたが高次元のエネルギーにつながり、神を愛すると、そうなっていくでしょう。

V
だれの中にも太陽が輝いている

＊

自分自身を好きになれないあなたに

執着は、好きなもの、欲しいものに限って
起きるものではありません。
嫌だと思うことにかかわり続けていることも、
執着であり、とらわれです。
病気の人は、病気にとらわれているのです。
心が不信感を持つと、エネルギーの回路に
ブロックをつくることになります。
自分を愛し、神を愛することで、
無限の愛の回路が開きます。

✴心も体もバランスさえとれれば コンプレックスは消えてなくなってしまいます

心を浄化して執着をはずしていくと、体も浄《きよ》められ、心身のバランスがとれていきます。ヒマラヤ秘教の瞑想を行うと、姿勢が悪い、胃腸の具合が悪い、太りすぎ、痩せすぎ、眠れない、イライラするといった心身の不具合は、実際に治ってしまいます。心の癖もとれます。

直らないものでも欠点と思っていたものが、悪いものと思わなくなり、気にならなくなるでしょう。体や心のコンプレックスやとらわれがなくなり、気持ちが楽になります。意識が変わったからです。

瞑想をすることにより意識が変わり、こだわっていたことが、非常に瑣末《さまつ》であったと気づき、欠点だから隠そうとしたりしなくなります。

欠点だと思って、それをカバーするために隠そうとしたり、別の場所に他人の視線をそらそうとしたりすると、あちこちのバランスが崩れていきます。傷めている足をかばって歩くうち、腰を傷めるようなものです。その足の傷みも、別の場所をかばったためだったりもします。

こうしたことは、容姿や体型あるいは病気についてもいえることではないでしょうか。心についても、性格についても、同じことです。「欠点」と思い込むから、そこにばかり意識がいき、カバーするからさらに目につくのです。そして負の自意識は同じような意識を外からも引き寄せてしまいます。

欠点について、からかわれたり、いじめの理由にされたりすることも起きてしまいます。

逆に自分の意識が変わると、周囲の人の意識も変わってきます。「思い込み」「劣等感」という意識をはずすと、他からの攻撃や差別的な意識がなくなったりします。

本来のあなたは純粋な存在です。そのことを信じ、本当の自分に戻り、それを悟ることができれば解放されます。まず、あなたは自分はもともと「欠点」などないと信じるのです。

欠点は、そのことに心がとらわれ、よくないと思い込んで染め上げ、振り回された結果、その思いが周囲に拡散して、自分に戻ってきたものです。それは幻想のようなものです。

創造の源につながり、信じましょう。そして、よいエネルギーが満ちるパイプを太くし、神と一体になろうとしていくことです。あなたの思いを、感謝と愛に変えましょう。すべてに感謝しましょう。欠点に感謝すると、「欠点」などなくなってしまうでしょう。

✴ 欠点が多い人はチャンスが多い人！もっとあなたの素晴らしさに出会うために

欠点のある自分が嫌い、直せない、どうしたらいいのという人が多いようです。「欠点」というのは、体の病気と同じように、必要だから備わってしまったものなのでしょう。何かに気づかせてくれるためなのです。ときに何かの警告かもしれません。

自分自身を嫌うのは、自分を敵にしてしまうことです。

人間は心の奥底にだれもが美しいダイヤモンドを持っています。どんな人でも、ダイヤモンドを持っているのに、心の動きが邪魔をして、ほとんどの人にはその美しさが見えなくなってしまっています。

あなたは、ダイヤモンドのような魂を持っています。それは太陽なのです。そんな素晴らしい自分を、粗末にしてはなりません。

生かされていること、いまここにあることに、感謝しましょう。そのことができれば、どんなに欠点があっても、あるがままの自分を受け入れ、愛することができるようになります。

ヒマラヤ秘教の瞑想は内側を浄化する力が強力です。この瞑想で浄化を続ければ、どんな自分であっても速やかに心の執着がとれて、受け入れ、許せるようになります。

すると、心の限定がはずれて、それまで隠れていたよさや能力、生命力が湧き出し、勉強も仕事もスポーツの能力も向上します。

乱れていたエネルギーが整い、よけいなものが落ちて、密度の高い平和なエネルギーがあふれてきます。自分を受け入れ、自分を愛せるようになると、人も受け入れ、愛することができるようになります。

ヒマラヤの恩恵に出会うと、そうした奇跡が起きます。だれにも変容が起きるのです。自分を嫌ってウジウジしたりせずに、修行をはじめてください。欠点の多い人のほうが、自分の本質を見つめることの大切さに、早く気づくのですから。

さらにヒマラヤ秘教には、若く美しくなる、アンチエイジングの秘法がありま
す。永遠の命をいただき、生命力をあふれさせていく、不死になっていく教えだからです。普通より20歳から30歳も、若くなることもあります。それは時空を超えて「いま」にある心を創るからです。年をとらないということです。

そして、純粋でありながらすべてを知る人になるのです。あまり何の欠点もなく、いまの自分に満足していると、本質に出会うチャンスが遠くなってしまうでしょう。

やがて年をとり、家族の問題などで不足を感じはじめたときにはもう遅く、自分を磨き続ける力がなくなっていることも多いのではないでしょうか。問題があることはありがたいことです。なぜなら、それをきっかけに、もっとあなたの素晴らしさに出会えるのですから。

✴ダメな人間だと思っていると本当にダメな人間になってしまいます

心に思っていることは不思議なことに現実に起きてしまいます。「あの人は嫌いだ。あの仕事は嫌だ」とか「自分はダメな人間だ」と思えば、その心は「ダメ」なものばかり引き寄せてしまいます。「どうせできない」と思えば、心も体も「できない」方向に、協力して動きはじめます。

なぜ「できない」と感じるのかといえば、それは過去にうまくいかなかった体験から自信が持てない、自分を信じることができない、ということなのです。

過去にできなかったのは、集中力がなかった、体力がなかった、理解が足りなかったなどの原因があったのかもしれません。その人のキャラクターなどに原因があり、うまくいかなかったことが、知らないうちにトラウマになってしまったのかもしれません。

そうした「過去」の経験が積み重ねられた記憶は、本来わからないし、変えることができないのです。それらを瞑想で浄化することができます。いっさい考えるのをやめて、本質を信じます。すべてのエネルギーが協力し合って、よい思いが実現するように動きはじめます。

ここで注意したいことは、「信じる」というのは、自分の過去の経験や習得した技術などの実績や体力に自信を持つということではありません。あなたが気づいていない力、本来すべての人間が持つ潜在的な自然のエネルギーと魂を、「信じる」ことです。

つまり神を信じることなのです。見えない存在の神を信じることとは、難しいという人もいるかもしれません。本当のあなたである魂、つまり神への扉を開けてもらうとよいのです。ディクシャという高次元のエネルギー伝授で、神につながらせていただくのです。

すると神に楽につながり、信じることができるようになります。守りとパワーをいただいて願いをかなえていくことができるのです。

人は思い込みで「自分の能力」「得意」「不得意」を限定しています。本当は得意も不得意もない、根源に何でもできる見えない存在、神がいて、そこに力があるのです。

神につながり、神を信じることで、無限の存在から力が働き、可能性が開かれます。

ネガティブな心は、無限の力や潜在的な能力を阻害します。感謝の気持ちを持って望めば、願いがかなっていくでしょう。神を信じます。魂を信じることです。そして、瞑想をすれば、次第にトラウマになっている記憶も浄化されるでしょう。瞑想は本来変わらない内側を積極的に浄化してくれるのです。そしてその潜在的なパワーは純化され、強化されていきます。

スポーツトレーニング、ビジネストレーニングも潜在的な力を開発しようとして、体やマインドのパワーを強化します。単に「やる気を出す」「ポジティブな力を出す」と心や体だけでがんばっても、それは消耗であり、やがて疲弊していくでしょう。

あなたがどのような人や物事に対しても、心の底から自然な感謝と、すべては学びであるという気持ちを持ち続けることが一番大切です。そうして、あなたが変われば、相手や状況が必ず変わっていくのです。

✴少し自分の心を遠ざけて俯瞰《ふかん》してみましょう　その現状を俯瞰しましょう

すべての人を愛し、尊敬することが、人と人との関係で一番大切です。神の望む世界は調和と愛です。人を愛することは、その人の中の神を尊敬し、愛することであり、自然を愛することです。

それは、宇宙の一部になることでもあります。宇宙と同じもので、できているのが体です。つまり、体は小宇宙です。

そして、どの人にもあなたと同じ宇宙があり、その中に本質があります。ですから、尊敬し感謝して愛することができるのです。でも、そのことを教えられ、言葉でわかってもなかなかそうはできません。それは、いままでの価値観を通して見てしまうからです。お互いに不完全であることを認め、あるがまま受け入れていきましょう。

相手に対して、何か嫌な気持ちを感じたら、自分の意識を少しそこから離して、その現状を俯瞰してみてください。

失敗を叱責されたとき、理不尽な指示のとき、成功した人を羨《うらや》む気持ちが起きたとき、気が合わない隣人を疎《うと》ましく思うとき、お姑さんの小言が嫌なとき、親を悲しませる子供に困っているとき、少し離れた場所から、ただじっと見てみるのです。

「私は、怒りながら悲しんでいる」「自分の思い通りにならないことを悔しがっている」と、自分の心を「見る」のです。

あの人が何をした、何をしてくれなかったという「外側」のことを見るのではなく、自分の内側に目を向けます。ただ、「あるがまま」を見ます。いい、悪いの判断をしないのです。自分を責めたり、相手を責めたりしません。

そこに何が見えるでしょうか。「自分の中に愛が少ないなあ」ということに気づくかもしれません。自分の不完全さを知ることは、相手を許していくことにもつながります。その人を通しての嫌悪感は、じつは相手を鏡にして、自分の嫌なものを見てしまったときにも起きるのです。

すべての出会いは学びです。相手に感謝しましょう。多くの人は、相手からいいものをもらおうとしています。どうしても相手に完全性を期待しています。自分からいいものを出していくなど、思いもよらないわけなのです。自分から親切を出していかないで、人から親切にしてもらいたいと思っていることに気づきます。

これからは、あるがままを受け入れましょう。平等心を持ち、自分から慈愛を出していきましょう。そして、あるがままといっても、やはりあなたを成長させる道を歩むのです。その結果に一喜一憂しないで、慈愛を出し、感謝を出し続けていきましょう。

✴「まあいいか」ぐらいでちょうどいいときもあります 期待しすぎるときは、まず深呼吸

自分の不完全性に対しても、他人の不完全性に対しても、厳しくなりすぎないでください。自分にも相手にも、期待しすぎる気持ちはジャッジになり、お互いを追い詰めてしまいます。自他ともに消耗させるだけで、いいことはありません。

そういうときは、まず落ち着いて深呼吸をし、「まあいいか」と思います。「そんなに適当で、いいのですか」と思われるかもしれませんが、そのように強く思う人ほど、「まあいいか」は大事です。

日常の中で自分を見つめなおします。また瞑想を行い、自分を見つめましょう。

瞑想というのは、相手に完全性を求めるのではなく、自分を変えていくための修

行です。瞑想中は自分の内側を分析せず、心を浄化し、心を超えていくのです。最終的にはそのまま見るという修行です。

これをガイドなしに、ひとりだけで行うのは難しいでしょう。自分の本質に気づくのです。それは悟っていくことです。

日常的にも何かとカッカとしないで、「まあいいか」ぐらいが、ちょうどいいのです。欲をストップさせるときにも、「まあいいか」は大きな力を発揮するでしょう。やるべきことをやってあとは待ちます。それは瞑想にもいえる心構えです。その船は、正しい方向に進んでいくでしょう。あとは見守るのです。神にお任せできるといいのです。

自分の心の中を見ています。これは瞑想のことです。このときも「見る」だけです。「分析」し、考えすぎると、かえってとらわれ、執着して、離れなくなってしまうこともあります。瞑想中のことですが、何かが見えても、聞こえても、とらわれません。

本当の「気づき」は、ただ見ることだけによってもたらされます。嫌いという感情、どうしようという感情が出てきても、リアクションしません。空っぽになったあなたは、あるがままを見つめているのです。

自分の価値観という色眼鏡、フィルター、見るときの癖、それらを全部取り外して、純粋な意識で見るということです。

心をそうとうに浄めないと、ただ見ているということはできません。見ているのは純粋意識で見ているのです。とても高度な修行です。

そうした心を日常生活にも応用していきます。いまの気づいていない段階、浄化していない段階で完全主義者になろうとしないでください。「まあいいか」くらいがちょうどいいというのは、そういう意味です。

すこし気楽になりましょう。私は、あるがままのあなたを愛しています。

VI

「悩む」ことのない生き方

＊

未来のことが
気になって仕方ないあなたに

人のことを恨むと、幸せが訪れません。
だれかを非難したら、
それはあなたへの非難として返ってきます。
原因があって結果があります。
その「カルマの法則」「因果の法則」で、
私たちは生かされています。
カルマを浄めることが大切です。
さまざまな事象に対する執着から離れ、
純粋意識のところから
見ることができるようになると、
心に翻弄されることはなくなります。

✳ 将来や過去に執着しても意味はありません
天国も幸福も「いま」にあります

心は常に心配し、死んだあと天国に行かれるかどうかも心配です。「死んだら天国に行かれますように」と祈っている人もいるでしょう。

いくら大金や大きな家があっても、さらに親身になってくれる家族がいても、何か自分に満足をしません。また病気になることも苦しみです。病気で手術をして体を切り刻むことは、大変な苦しみであり悩みです。

人間関係もうまくいかないことは苦しみです。事業がうまくいかなくなり、会社が倒産することも苦しみです。意識する、しないにかかわらず、こうした苦しみは、この世の地獄なのです。肉体が苦しい、心が苦しい。

死んだら苦しむ肉体と心がないのだから、死後の世界はいまより楽にちがいないと思う人もいるかもしれません。しかし、肉体がなくなっても、あなたのすべての苦しみの体験が刻まれている、心を包む目に見えない微細な体があります。その体が、また苦しみをつくり出すのです。そこに感覚がなくても、苦しみの体をつくるのです。

ですから、生きているうちに何とかしなければなりません。

人はそのことがわからず、外側の世界に天国をつくろうとします。物などの豊かさを手に入れて、幸せになろうとします。不安感や飢餓感をバネにして、財産を築き、成功しようと必死になる人もいるでしょう。しかし、いくら豊かになっても根底の不安と恐れは消えません。心は元気を装っても内心は不安があり、心配し続け、安らぎがないのです。そして、さらに物やお金に執着します。

またいろいろな運命があり、運命は変えられないと思い、あきらめている人も多いでしょう。そして、いまを受け入れ、人生はこんなものと思っているかもしれません。運命を受け入れ、未来の希望を死んでからの天国につないでいくということもあるでしょう。

✴

未来のことが気になって仕方ないあなたに

でも、そうではなく、いままさに、この世界を本当に安心して何の不安もない天国にできるのです。

それは、あなたのクオリティを、まったくといっていいほど変える方法です。まるで錬金術のようにあなたを変えて、運命を変えることができます。

最高の能力を開発できるのです。

いま、この生きている心と体を幸せにして、何の悩みもない天国にするのです。その方法は、ヒマラヤ秘教のサマディという究極の意識状態にある智恵から生まれました。

あなたを変えるには、まず行為から入ります。心と肉体があってこそ、人はよい行為ができます。死んでもあの世に何も持っていかれません。執着は苦しみをつくり、この世界を天国にすることはできません。もっと自ら差し出して執着を取り、功徳《くどく》を積みます。布施《ふせ》をします。奉仕をします。すると執着や欲がはずれ、魂が磨かれます。

さらに、瞑想などをして浄化することができます。あなたの内側を変えて、楽に幸せになることができます。心配する心をいまにつなげましょう。無心になります。

私たちは真の成長をするために、生まれてきたのです。浄化をした純粋な心と体は、天国のようであり、またそれを通して見る外の世界は、希望にあふれた天国になるでしょう。これが今生《こんじょう》で天国を創るということです。

あなたへの注意があります。「いまが不幸」だと思い、明日の幸福を願ってはなりません。いま生きている自分、いまの瞬間が幸福であることが大切であり、いま、よい思いを持ちます。感謝する気持ちを持つとよいでしょう。

幸福は「過去」にもありません。「あのときが一番幸せだった」とばかり、思い出にとらわれることは、いまにいないことです。天国は「いま」にあることを忘れないでください。不幸はいまにいない心なのです。

いまの連続が未来につながり、空っぽの心から、いろいろな不幸な気持ちがはずれていくのです。そして、足が大地につくことを感じましょう。手が動くことを感じましょう。あなたは、いまを感じているのです。そのいまに、安らぎがスタートするのです。

✴ 過去の行い、記憶が積み重なり起きてくるのが「カルマ」というもの

人生は過去から現在、そして未来（来世）へとつながっています。この考え方を輪廻《りんね》転生《てんしょう》といいます。

だれにも過去生があり、そのときの行為の結果は記憶されています。さらに今生の行為の結果も記憶されています。それらの積み重ねをカルマといいます。

そこから欲望が生まれ、行為が生まれます。その行為もカルマといいます。カルマは現在の人生に大きな影響を与えます。積まれたカルマの記憶はいわば、これからの人生の設計図です。カルマとは、仏教では「業《ごう》」といわれ、何か少しな

どろおどろしい響きもありますが、悪いカルマもあれば、よいカルマもあります。私たちは、普段はカルマを意識することはありません。カルマとは、遠い過去生から今生までの行為とその結果の記憶です。それは、心の奥深くに種となって植えられることになります。種は芽を出し、いつか実を結びます。実を結ぶことがいまの結果です。またいま植えた種、あるいは過去に植えた種は、将来に何らかの状態を起こしていきます。

カルマには三つの状態があります。

・サンスカーラ……まだ眠ったままの種の状態のカルマ。次の生でどこに生まれるかを決めます。宿命などに相当するカルマです。

・ボガ……日常の行為のカルマ。動物は心が発達していないので、このカルマしかありません。

・プラダブダ……カルマの芽が吹いて花を咲かせようとしているカルマ。矢が放たれ、進んでどこかに落ちて、結果を結びます。未来に必ず現れるカルマのことです。

あなたの歩き方も、話し方も、癖も、カルマによるものであり、同時に何気ない日常生活は、次の生のあなたのカルマとなり、引き継がれていくでしょう。カルマは、同じ質のものを引き寄せる力があります。「暗い考え方」は「暗い人生」を引き寄せます。行為は過去からのカルマ＝設計図の影響を受け、自分で行為をコントロールできないのです。

たとえば、過去生で、親に愛されず虐待された体験があると、同じことを自分の子供にしてしまう場合があります。それは設計図がそうなっているからです。そのカルマを変えることは本来困難です。しかし、ヒマラヤ秘教の実践はカルマを変えます。

あなたが秘法の瞑想法をいただくと、それが日々カルマを浄めてくれるのです。この教えは祝福であり、すべての秘法もカルマを浄化します。そして設計図を変えます。運命を変え、意識を進化させて、最高の人間になる教えなのです。サマディに達していく、悟りを目指し、神に還る教えです。

神あるいは源の存在、そこには何のカルマもないのです。神と一体になったとき、カルマから解放されます。

それは、ブッダやキリストがなしたこと、私には関係ないことと思うでしょう。そうではないのです。私があなたの代わりに修行を完成させました。そして、あなたにその恩恵をシェアします。

ヒマラヤ聖者の教えには段階を追った悟りへの道、真の幸福になる道が示されています。それは難しいことではありません。まず日々カルマをつくる日常生活の見直しです。足元から見つめます。いまの行為を見つめ、正すことから始まります。日々の思いを反省して、悪い考えをしません。よい思い、よい言葉、それによい行為をします。

そうすることで、よいカルマの種を植えるようにしていきます。さらにいつも高次元のエネルギーにつながって、神の守りをいただけると、楽に生きていくことができるでしょう。

シッダーマスターが伝授する瞑想秘法は、細やかな聖なる音の波動です。

✴

未来のことが気になって仕方ないあなたに

その秘法は安全に、あなたの混乱する心を整理整頓していきます。その瞑想を行ってだんだんにカルマを浄化していきましょう。

すべての行為は、自分で選択していきます。いまからしっかり責任をもって行為をしていきましょう。そのことにより、カルマが変わり、自分の運命が変わっていきます。

あまりに苦しいと、簡単に「死んだほうが楽だ」「死ねば全部消えてなくなる」と思い、自殺をしようとする人がいるかもしれません。それは違うのです。自殺をしても、その記憶が、魂を覆う細やかな波動のアストラルの体、つまり霊体に残ります。それは大きな傷となり、自分の無知からの重いカルマとして、次の生に引き継がれます。

そして、来世でもその人を苦しませ続けるのです。通常、カルマを浄め、そこから解放されることはひとりでは難しいのです。

ヒマラヤの恩恵との出会いは、まさに幸運です。あなたを進化させる出会いです。あなたが尊い存在であることを、知らせているのですから。

✴神からいただいた心と体を正しくつかい
カルマを浄め、運命を変えましょう

生まれる前に亡くなった曾祖父と趣味が同じだったり、癖が似ていたり、「言い伝え」の先祖と同じ職業を選ぶなど、「これもカルマなのかな」と感じることが、だれにもあります。

初めて訪れる場所なのに「あ、この場所を知っている」という体験はありませんか。いわゆる「デジャブ」(既視感)ですね。それは、記憶にない体験か、過去生からの記憶かもしれません。カルマに刻まれた記憶は、ずっと続いています。

親の育て方が子供に影響を与えるとか、DNAを引き継いだことにより顔や体型が似るというレベルを超えたものが、たしかにあります。自分では意識しない体験の記憶、その積み重ねがあなたの運命を決めている。そう考えるのが「カルマ」です。

ですから、カルマは運命決定論のようですが、カルマを浄化することによって「運命は変えられる」とも説いているので、運命決定論ではありません。

この世界は見えない偉大な不思議な力によって創造されたのです。見えない偉大な力が働き調和をとり、すべてを生かしめています。自分の中にもその力があり、生かされているのです。その存在を人は神と呼んでいます。

その存在、神を信じることで、そこからのパワーがいただけるのです。そして、楽に生きていくことができます。神はあなたの成長を願っています。

体と心は、神からいただきました。それを正しくつかい、人を傷つけないよい行為をしましょう。よりよいものを分かち合いましょう。言葉を美しくつかい、人を好き嫌いで判断しないようにし、自分を愛しましょう。

そうした行為が、よい種となって、よい運命をもたらすのです。

親から充分な愛情を注がれず、辛い記憶がトラウマとなっていたとしても、親を憎まず、この世に送り出してくれたことに感謝してください。

あなたを裏切り、傷つけて去った恋人に対しても、憎んだり、恨んだりしないでください。恋人として喜びを与えてくれたことに、感謝をしましょう。

それはわかっているけれども、怒り、後悔、憎しみが、どうしても湧き上がってくるときには、少しずつでも無心になれるように、瞑想する時間を持ってください。憎しみのカルマにとらわれていると、必ず同じことを繰り返すことになります。よい行為をし、よい種をまき、悪いカルマを自分で浄めていくことで、あなたに本当の幸福が訪れるでしょう。無償の愛で一生懸命、人を助けましょう。あなた自身があなたの人生を美しくできるのです。

✳ 悲しみにとらわれ続けるのではなく そのまま受け入れて

回復できない病気、愛する人の死、そうした不幸に出会うこともあるでしょう。

辛いことですが、どうか悲しみすぎないでください。若くして亡くなる人もいますが、それはすでに心身が疲れ果てていたのかもしれません。

それもカルマです。いずれにしろ、その人の運命であり、どんなに悲しくても、神が決めたことを受け入れて、その人の冥福を祈ります。次の生では、神の加護に出会いますようにと願いましょう。

若い人が突然車にはねられて亡くなるのは痛ましく、気の毒ではありますが、何か理由があって起こるべくして起きた事故なのです。その方々にも神の愛がとどきますようにと、祈りましょう。

次々に肉親と死別するようなことがあっても、それもまたカルマなのです。縁が薄かったのかもしれません。

また、たとえ、あなたに死が迫っていたとしても、過去を悔やむのではなく学びとします。これをきっかけに、生の大切さに気づき、「いま」にいて、感謝しましょう。見えない存在、神につながりましょう。

「生きているときこうしてあげればよかった」「こうしていたら死ななくてもす

んだかもしれない」と悔やまないようにしましょう。それもすべて必要なことが起きていたのです。ずっと自分を責めたりしても、亡くなった方は救われません。また自分も救われません。

失ったものや人に執着し続けることこそ、不幸なことです。不幸な心は、さらに不幸を引き寄せてしまいます。

すぐには難しくても、ただそれを受け入れることです。失われた生は、再び次の生に引き継がれていきます。高次元の存在に祈り、そこにつながりましょう。年に何回かは供養をしましょう。そのことにより、その方の霊が浄まることでしょう。

いろいろな人生があり、いろいろなカルマがあります。生まれてきて、またこの世を去っていかなければならないのです。成長するために、いろいろな体験を積み重ねています。さらに人間に生まれたことは、カルマを浄化するための修行ができる素晴らしいチャンスです。気づいて成長していきましょう。動物には悟りの修行ができないわけですから。

心によい思いを、感謝と愛を選択しましょう。死ぬときに何も持っていくことはできません。神のもとに還れるようにしましょう。さまざまなエゴで、この生は複雑に絡み合って運命が展開していきます。すべては、原因があって結果があります。すべては進化していくための学びなのです。

あなたが真理の道に出会いますように。カルマを超える道に出会えますように。

学び、気づきにより、本当の自分に出会う旅に向かうことができますように。

✴ ヒマラヤ秘教は神と一体になり悟る教え チャクラと一体になる行《ぎょう》もあります

精神統一をすると仕事がうまくいきます。心が整理されると集中できて、豊かな生き方になります。ただがんばってもよい結果は出にくいのです。心の内側から変えなければ、外に現れるものがよい結果にならないのです。ヒマラヤ秘教はそうした力が自然につく実践の教えです。

源の力は絶大です。すべてを創り出す力です。そこにつながり、それを信じて、その力を借りて生きていきましょう。ヒマラヤの秘教は、源つまり神の力を引き出し、神と一体になり悟る教えです。

信じるところからスタートし、神に出会っていくのです。すべてを創り出しているる神は、目には見えませんが、意識を向けて、信じていくうえでも最高です。さらに、カルマを浄める力があります。神と実際に一体になることが、サマディであり、解脱《げだつ》であり、悟りです。

精神を統一するのに、外側の対象と一体になったり、自分の体の対象と一体になったりします。またエネルギーのセンターと一体になったり、生命力や愛、さらに智恵のセンター（チャクラ）と一体になったりする行も秘法もあります。聖なる波動を伝授するディクシャの秘法はそのためのものです。

神を思うというのは、変容と悟りの旅の最初にあります。神を信じ、初めて瞑想が安定します。最初の音の波動の瞑想は、神につながるのです。ぶれない中心軸ができます。そして、心が整理され集中力がついていきます。
神を信じて、さらに本格的な修行に入っていくことができます。
瞑想も修行も、よいエネルギーにつながって信じて行わないと、危険です。
ただやりさえすればいいというものではないわけです。

VII
宇宙につながり癒される

✴

いつも体、心のどこかに
不調を感じるあなたに

あなたは、どこに行く必要もないのです。
「根源の自分」に立ち返っていくことで、
あなたの中に安らぎが訪れ、愛が満ち、
パワーが満ちていきます。
あなたの内側が整理整頓され、
調和がはかられていきます。
そうした中で、本当にあなたにとって
必要なこと、何をしたらよいのかが
閃《ひらめ》いてくるでしょう。
焦らず、そのような状況を待ちましょう。

＊マントラで心身をリラックスさせバランスを回復しましょう

夜眠れない、寝ても変な夢を見て、すぐに起きてしまうという人がとても多いそうです。

私には、そのような体験はありません。短時間の睡眠で、体も心も充分に回復します。必要ならばずうっと起きていることもできます。深い瞑想は、究極の「省エネ」になります。カルマは焼いてなくなっているので、ストレスを受け取らない心身の状態になっていて、長い時間の休息は必要ないのです。

なかなか眠れないというのは、昼間にマインドが忙しく働きすぎて、夜になってもマインドのスイッチを切ることができなくなっているからでしょう。

体は疲れるとエネルギーが切れて、自然に動きが止まって休みます。しかし、あまりにも興奮しすぎたマインドは、疲れるとますます回転してしまい、眠れなくなることもあります。

あるいは、昼間それほど体をつかわないで楽にしていたりすると、体のエネルギーが余っていて、また心ばかりをあれこれつかい、そこにスイッチが入り、夜眠ろうとしても眠れないことがあるかもしれません。

こうしたことが長く続いて、マインドが暴走して心の病気になってしまうこともめずらしくないのです。昨今多くの方が悩んでいる鬱《うつ》は、心をつかいすぎて、エネルギーが供給できなくて動けなくなる現象ではないでしょうか。

本来、自然の生き物は、太陽が沈むと生命活動が落ち着き、新陳代謝も静まります。そして、月のエネルギーに呼応して、副交感神経が優位になり、心も静まります。しかし、心の働きが強すぎると、夜になっても交感神経が働きっぱなしとなり、心は昼のような状態になっていて休まらないのです。

神経のバランスをとる必要があります。歩くなどして足をつかうと、全身の血行がよくなり、頭がリラックスするでしょう。足やおなかを温めたり、温かいお湯を飲んだりしてもよいでしょう。また自然の風景を思い出すのもいいでしょう。ヨガのシャバアーサナという「死体のポーズ」も、眠りに入りやすくしてくれます。

また、眠れなくなるのは、昼間の心のつかい方も関係しているのではないでしょうか。がんばりすぎたり、こだわりすぎたり、心配ばかりしていませんか。家事や仕事を嫌々しないで、できれば楽しんでするということも大切です。

眠れないケースのみでなく、みんな心をつかいすぎています。それはこだわり、執着、感情などさまざまです。何かの不自然さにスイッチが入るとそこにエネルギーが流れ、それを繰り返すのです。そして、バランスが回復できなくなってしまいます。

ヒマラヤ秘教の聖なる音の波動は、神と一体になるステージのサマディで、純粋意識のレベルで発見されたものです。それをマントラといいます。

その聖なる音の波動が内側に広がり、心のいらないものを溶かします。情報やストレスでいっぱいの現代人の心の中を整理整頓してくれます。

聖なる波動は、さらに源の存在につながり、そこからの恵みをいただいて、心がリラックスして楽になります。継続していくことでやがて神と一体になります。そのことにより、神のパワーを無尽蔵にいただけて、すべて順調になっていきます。

大仕事もでき、もちろん質のよい眠りもいただき、生きることが楽になり、可能性に満ちてきます。

聖なる波動は根源の存在の波動です。それを信じることです。心にも体にも愛を送り感謝しましょう。そうすると、トータルにバランスがとれて、若さを取り戻し、いつまでもそれを保つことができるのです。

✴ 根源からのパワーで体や心の悪い癖が落ちるとよいバランスになります

バランスは、とても大切です。体の左右のバランス、脳の働きのバランス、内臓の位置のバランス、栄養のバランス、さらに心のネガティブとポジティブのバランス、心と体のバランスなど、あらゆることでバランスは大切です。

人間は本来すべてにわたってバランスがとれていたのです。しかし、人の奥深くにある不安や欲望、こだわりによって不自然になり、少しずつバランスが崩れていったようです。心の欲望によって、大自然という根源の存在の神から遠く離れて心身に不調が起きてきます。

人間がバランスを取り戻すことは、神につながり、信じていくこと。さらに神に出会っていく、悟っていき、そこに向かっていくことです。健康な精神と体を取り戻すための基本となるのではないでしょうか。そのプロセスで次第によくなっていきます。

人の体や心の癖は、神から離れて、心や体のレベルでバランスをとるために行われているものが多いのです。よくしようと表面的に体や心の悪い癖を取ると、あるバランスが崩れて他の部分に波及します。そして、もっと悪いものに出会うかもしれないし、よいことに出会うかもしれません。

体や心の悪い癖をとって、よいバランスになるためには、よいカルマをつくることです。

たとえば子供のしつけでも、つまみ食いをやめなさいとしつけたら、外でジャンクフードを買い食いする……というように、人間というのは、抜け道を探して楽になろうとします。よくしようとするときにも、表面だけ取り繕《つくろ》うことが多いのです。そうしたことが積み重なってバランスをとっているのです。

内側のカルマの成り立ちは見えませんから、どのようにバランスをとっているのかはわかりません。すべて自己を守るための積み重ねです。つまり潜在意識が無意識に自己防衛でバランスをとっています。

たとえば、いわゆるぶりっ子であるとか、かわいい声を出したり、かわいい仕草をする、気取った歩き方をする、また利口そうにふるまうとか、人にはいろいろな自己防衛から発する癖があるようです。そうした言動を見て、人は好きになったり、嫌いになったりします。修行をすると、どんな癖を持つ人も博愛で見ることができるようになります。そして、自分自身の癖もとれていくのです。

どのようにすれば、根本的にこれらの癖のバランスをとることができるでしょうか。

ヒマラヤの恩恵には、根本からよくするアヌグラハという神の恩寵の波動と智恵があります。それはあなたの何層にもわたる心の癖を通り抜け、体の癖を通り抜けて癒します。その波動は源まで達していく高次元の波動です。サマディの智恵からの波動です。源からの恩恵を、ダイレクトに受けるのです。

そして、さらに源を信頼することで、そこからのパワーをいただくことができます。いつもいただけるようになります。そのことであなたは根本から変容できます。

また、秘法のアヌグラハクリヤ瞑想法には、ストレスのゴミや、エゴからもたらされる怒り、悲しみや苦しみなどをプラーナ（生命エネルギー）の火で焼いて浄化し、バランスをとる強い力があります。深いところから心と体のバランスがとれていきます。神に近づくことができるのです。

シッダーマスターのガイドによって、祝福と智恵と愛で浄化され、最速でよい瞑想を起こすことができます。そして、自己防衛からくる、自分でも気づかない精神や体のゆがみや病気が自然によくなり、心と体が健康になっていきます。

しかし、注意しなければならないことは、欲があるとマインドの働きになります。すると神の力が働かず、自然治癒力が働かなくなり、生命エネルギーが消耗するのです。

すべてを信頼してお任せするのです。何も怖くはありません。たとえば病気であったら、病気も、さらに死をもいったん受け入れることです。すると神の力が働き出して、病の根本が癒されていく兆しを見ることができるでしょう。

✴ 癒されるために笑いましょう
深い瞑想のあとに現れるのは、本質の喜びと天使のほほえみ

暗い気持ちになって落ち込んでいる人に、私はときどきこういいます。

✴

いつも体、心のどこかに不調を感じるあなたに

「無理をしてでもいいから、とりあえず声を出して笑ってみて」

何も面白いことなんかないと思っても、何も考えずに、ともかくお腹から声を出して「あっはっはは……」と笑うのです。それだけで、気にしていたことやわだかまりを発散することができ、気持ちが変わります。笑いにはいろいろな力があります。

腹筋をしっかりつかうし、笑うことで免疫細胞の働きも強くなるのです。いいものを引き寄せてくれます。不幸な気分のときも、笑えば、少し幸福になれます。ノイローゼや鬱《うつ》病など、心の病気になると、笑えないようです。そのような人が笑えるようになったら、それは回復の兆候です。病気というほどのことはなくても、負の感情にとらわれて、心が固まってしまっている人も、笑うことができません。

まずは解放のために、暗い気持ちにとらわれやすい人は、少しでもいいですから、意識的に無理をしてでも笑ってみてください。「作り笑い」でも、充分に効果はあります。まずは笑いましょう。1分間くらいでいいです。きっとよい効果

があります。

ただ笑うということ、赤ちゃんの天使の笑いがあなたの中にもあります。心を浄化し何の不安もない、空っぽな心になったとき、あなたの自然な喜びにタッチします。

私の話を聞いたり、瞑想をしたりするとほぐれてきて楽になります。神からのエネルギーや気づきでこだわりがとれて、自然にほほえみが湧いてきます。

不安やストレスで大変曇っていた顔が、シッダーマスターのディクシャというエネルギー伝授のあと、輝いてほほえみに変わります。いつも思うのですが、それは同じ人と思えないほどの変容です。奇跡です。

そして、自然に喜びがあふれ、笑いがこみあげてきます。魂が解放され、本当の幸福を知ったときの「笑い」は、本当に素晴らしいものです。

それは作り笑いではなく、それこそ細胞の一つずつが笑っているような、心の底からの自然な笑いです。深いところからの喜びとほほえみが湧いてきます。

じつは私たちの中、深いところにはただ満ちている喜びのエネルギーがあります。アーナンダといいます。

神のクオリティあるいは魂のクオリティは喜びです。それはサット・チット・アーナンダといいます。心の苦しみや働きが静まり、それを超えて現れる性質です。サットとは神の存在です。チットとは純粋意識です。アーナンダは満ちた喜びです。それを実感することが、真の幸せなのです。それがあなたの変容のあとに現れる本質なのです。高い純粋なレベルの笑いが現れるのです。

✴ 神の愛とサマディの愛は同じもの それをディクシャでいただきます

一人でも多くの人に真実の幸福や成功を伝えたいと願い、私は、さまざまな人から心身の痛みや苦しみ、病気あるいは、成功や、悟りについての相談を受けています。一人ひとりにヒマラヤ秘教のディクシャを行っています。アヌグラハという神の恩寵とともに伝授します。

あなたのカルマを浄め内側を目覚めさせ、神につなげます。するとすぐにエネルギーが変わり、心が変わり、楽になります。ディクシャを受けると信頼によって祝福をいただき、パワーをいただけるので心身が楽になり、楽に生きていけるのです。そして、悟りへの旅が始まるのです。

私がサマディを成就した初期のころのできごとです。インドの人が、具合が悪いので、私に会いにきました。私はこうやったほうがいいと、彼女の体を動かしはじめました。

すると彼女は、私の手を彼女の頭に持っていきポンポン叩こうとするのです。彼女は私からの祝福が欲しいというのです。これを見て、ああ、そうなのだと思った次第です。

サマディマスターになった私に、彼らの求めているのはテクニックではなく祝福なのだと、インドのカルチャーを納得したのです。祝福は神からの恩寵です。魂まで届くのです。神は愛です。それがすべての人を癒すのです。

サマディの愛は神の愛と同じものです。それがディクシャで与えられるのです。私はヒマラヤ聖者の役割に徹することになりました。

あなたのハートの扉を開きます。シッダーマスターの愛があなたを神につなげます。あなたは神の愛に目覚めます。神を愛します。自分を愛します。そうして、まわりの人を尊敬し、無償の愛を出します。

あなたは神につながり、見返りを求めない愛を伝えます。周囲の人もきっと気づくはずです。そうやって愛のパワーで世界を満たしていけば、暴力や殺生も、戦争もなくなるはずだと。私はそう信じています。

もっと愛の人になるために積極的に浄化をします。わかっているけれどもできないと思う人もいるでしょう。人にはこだわりすぎるなど、何かしら問題があります。また幼児期の体験が何らかのトラウマになっている場合もあります。

そうしたカルマを、私が行うアヌグラハ・インナーチャイルドのワークや瞑想、あるいはディクシャで浄化して癒します。各種秘法瞑想のセミナーや各種の秘法瞑想修行リトリート（合宿）は、あなたを積極的に深いところから浄化して愛の人に変容させていきます。

それはアヌグラハ・サマディプログラムといいます。あなたの潜在能力が開発され、最高の人間になるのです。それは悟りへの道、神に出会い、神になっていく道です。

あなたは素晴らしい存在なのです。それを信じましょう。それに出会っていきましょう。この生は本当に愛に満ち、平和に満ちています。それを選択し続けましょう。

VIII
瞑想について、もっと知りたい

＊

ヒマラヤで出会った
本物の瞑想をあなたに

あなたの成長は神が喜びます。
それは神に近づくための人生です。
愛と静けさにより、
あなたは神の永遠の命に出会うのです。

✴ヒマラヤ秘境への旅は続き 初めて究極のサマディに入ったときのこと

毎年ヒマラヤへの旅は続き、私は修行を重ねました。高度5000メートル以上のピンダリー氷河に着きました。そこに広がる高地で、サマディ修行をします。ヒマラヤ・ピンダリーは、私が初めて長いサマディに没入した地です。自然の洞窟に入り、サマディ修行を行いました。深い瞑想を続け、これまで心身を浄めつくしてきました。そして、いま、このヒマラヤの秘境で仕上げの段階です。すべての準備が整い、私は意を決して座りました。

火もなく、寒さの中、藁《わら》の上に毛布を敷き、水も飲まず何も食べず、呼吸を整えます。

ヒマラヤの神々に守られて、私は安心して深い瞑想に入っていきました。思考が次第になくなり、空っぽになりました。体を超え、そしてマインドを超えたのです。私は光となり、それを楽しみ、さらに私は神と一体になり、超意識になったのです。宇宙となっていったのです。

やがて私の隣にはブッダがいます。キリストもいます。そして、まわりにはすべての偉大な神聖な悟りの魂が座っています。私とともに「いま」にいるのです。そこには距離がなくなって、時間がなくなり、「いま」があるのです。

すべての存在が近くにいます。その後、さらにすべてが消え、何時間たったでしょうか。マスターの恵みでこの世界に戻ってきました。私を見守っていた聖者に聞くと、サマディに没入して4日が過ぎていたのです。私はすべてが生まれ変わり、愛があふれ、パワーがあふれています。本当の自分になったのです。魂に戻り、神と一体になり、そうしてまたこの肉体に還ってきたのです。

このときを機に、あちらこちらの秘境の地で何年にもわたってサマディの体験を深め、確かなものにしていきました。そして神のような意志の力、サンカルパを強めていきました。やがて公開サマディで、真理を証明したのです。

その公開サマディはインドの地で毎年行い、18年の間に約18回に及んだのです。多くの修行者が、サマディに入ろうと試み、亡くなっています。また、サマディに入っても、こちらの世界に戻ってこられないのです。それは危険なことであり、いま公開でサマディができるヒマラヤ聖者は、私とパイロットババジの二人だけです。

サマディから、真理のメッセージを贈ります。

あなたへの愛を、私のサマディから贈ります。

＊ヒマラヤの聖者から託された私の使命　それはサマディの尊さと本当の幸福を伝えること

広大なヒマラヤ山脈には、人の近づけないところに何か所かの秘境があります。

バドリナートというヒマラヤの聖地のさらに奥にあるチャクラティラット、ラクシュミーバン、さらに奥地にギャンガンチ、チベットのカイラス聖山の近くにあるシッダーローカー、シッダープリなどです。

そこは、だれも近づけない秘境です。私はそれらの秘境にも行きました。

ヒマラヤの聖者たちは、そうしたところにグループでいらっしゃいます。彼らは純粋な魂であり、自由な意識の持ち主です。愛そのものです。多くはサマディに入られ、アストラル体（霊体）で活動しています。

ヒマラヤに住む修行者や聖者は、現代の日本人には考えられないような生き方をしています。普通の人ならとても生きていられない空気の薄いヒマラヤの高地で、親兄弟の縁を断ち切って、すべてを捨ててほとんど何も持たず、修行をしています。

ヒマラヤ聖者たちは下界に下りてくることはないので、何歳なのかよくわかりません。ショールや布切れを身にまとい、修行中はほとんど何も食べず、何も飲むことなく、過酷な自然環境の中で深い瞑想をしています。

そのヒマラヤ聖者の存在とサマディによって、世界は守られているのです。

彼らは神と、自然と一体となることで体も精神もいっさい消耗することなく、本来の生命力だけで生きています。

ヒマラヤの修行者たちは、現代に生きる人と違って気をつかうことも、無駄な体力をつかうこともありません。人によく思われるための努力もしません。競争もしません。

ヒマラヤの修行者たちにあるのは純粋な意識、愛、神・自然・宇宙と一体となること、そして偉大な意志の力です。その願いがかなうのです。サマディの中で起きる究極の悟りが唯一の目的であり、最上の幸せです。それは人生の最高の目的であり、真実の悟りを得たのです。

ヒマラヤの修行者たちは、5000年以上も昔から、ヒマラヤの奥地に伝えられた智恵を受け継いでいます。そのヒマラヤ聖者を目指す修行者に会おうと思っても、なかなか会うことができません。ましてやヒマラヤ聖者となると、会うことはほとんど不可能だと思われています。彼らは神と自然と一体になり、サマディにずっと没入しています。

私は、パイロットババジと日本で出会い、運命によりその師のハリババジにお会いできました。ハリババジにお会いしたとき、わけもなく私の目から涙があふれました。懐かしい魂のお父さんに会ったような感覚なのかもしれません。私の魂が喜んだのです。そして、ハリババジからディクシャを拝受し、門外不出とされる奥義を伝授されました。

ハリババジは、あなたは純粋な存在であると、大きな澄んだ目で私を見て、讃えてくれました。さらにハリババジの師であるマハ・オッタルババジに出会い、祝福をいただきました。

そのほかにも、ヒマラヤ秘境の旅で、何人かの偉大なヒマラヤ聖者に出会い、祝福がありました。

そうして、ついにサマディといわれる究極の悟りを得て、その恩恵を現代に伝える使命を与えられました。

「あなたは、サマディの尊さを伝え、本当の幸福に導くガイドになりなさい」

そうオッタルババジ大聖者に命じられたのです。

俗世のすべてを捨てて、ヒマラヤで修行することは、現代の日本人にはおそらく不可能であり、その必要もありません。

私は無謀といってもいいほどのことを行ってしまいました。でも真似はしないでください。私が得た恩寵、私が知った智恵、私の中の愛を伝えるために、いま、ここにいます。

一人でも多くの人が、自分の中の素晴らしさを目覚めさせ、美しい人生を創ってほしいと願っています。

私からあなたにできることは、ヒマラヤからの安全な瞑想秘法をガイドすることです。私の苦行の40年分が、いま凝縮されてあなたに与えられます。あなたはその恩恵を受け、安全に、最速で何の疑いもなく進化を遂げられるのです。

そしてあなたの内側を浄め、本当の自分と出会い、本当の幸せを知ってくださ い。また同時に、多くの人にその愛を伝えてほしいと願っています。

✴根源の存在よりの祝福は生きるための偉大な力になります

インドを訪れるとだれもが感じるのは、人々の深い信仰心です。ヒンドゥー教、ジャイナ教、バラモン教、シーク教、仏教など、いずれの信者も、信じる対象の呼び名は違っても永遠の存在、すべての源の神を、自然に心の底から信じています。

インドの人は、子供も大人も身近に神様を感じて生きています。神様が好き、グル（サンスクリット語で精神的なマスター、先生、師）を愛し、神様を愛しているといっていいでしょう。インドには、こうした自然で素朴な信仰心が根底にあります。だれもが神に近づきたいと願っていますから、出家して厳しい修行をして神になろう、悟ろうとしている修行者は尊敬されています。

なかでもヒマラヤ聖者は究極の悟りを得た存在、宇宙、神と一体になった存在、神になった存在として受け入れられ、少しでもその恩寵を、祝福を得たいと人々は渇望するのです。ヒマラヤの奥地には数十年から数百年も、深い瞑想を超えて生も死も超えたサマディに没入した修行を続けている大聖者が存在します。こうした聖者はけっして下界に降りてくることはなく、会いたいと探して訪ねていっても、まず出会うことはできません。

私が18回行ったアンダーグラウンドサマディは、密閉された地中で4日間、死を超えて神と一体になり究極のサマディに入るというものです。そうして、きっちり4日後に、地上に戻ります。

そこには大勢の人々、修行者、聖者が、私の祝福を得るために待っています。さらにはBBCやCNNなどの海外メディアも来ました。ヒマラヤにこもって、サマディに入ったままの修行者には、会うことができません。しかし、公開のアンダーグラウンドサマディでは、再び地上に現れた聖者を見ることができ、祝福をいただけるのです。

稀有《けう》な機会であることは、大群衆のみんなが知っています。私の祝福は、それを心から待ち受けている大群衆の一人ひとりに、ストレートに届きました。

私はみんなに愛と平和をシェアします。奇跡が起きます。このサマディを知ることで、深い信仰心が養われます。それは悟りの証明であり、人間には神と同じ力があることの証明です。サマディとの出会いで、みんなが愛と信頼にあふれます。

サマディからシッダーマスターの祝福がもたらされます。それは、すべての人の生きるための偉大な力になります。

そして、勉強、研究、鍛錬、修行を成功させるためには、その力のサポートが必要です。それは神を尊敬しサレンダーをする（ゆだねる）ことで、いただくことができるのです。神に対し合掌し、信頼し、お任せしてやっていくことが一番大事なことなのです。

✴行為を愛あるものにすることで本当に幸せになっていきます

サマディとは「同じとき」という意味です。意識が宇宙の源の神と一体になり、時間と空間を超え、いまにあるということです。深い瞑想を超えて究極の意識状態で、人間は本当の自分、さらに神と一体になるのです。

それに至る道は簡単なものではありません。修行を重ね、過去からの積み重ねであるカルマを浄化します。心を浄化して無心になり、空《くう》になって、その空の奥の神と一体になるのです。

その過程で人を構成する七つの体を体験していきます。日に見える肉体の体を体験し、感情の体、さらに霊の体、心の体と順次体験します。それぞれを浄化してそれを超えて、最終的に形のない体の音だけの世界、光だけの世界を体験します。

そしてそれを超え、至高なる神に出会うのです。体が平和になります、心が平和になります。

悟りのため、サマディのための修行をしていくには、体から入っていきます。そのためには、健康な心身であることが条件です。しかし、その修行のプロセスで健康になるということはあります。

昔は知識人や司祭や王様という高い位の方々が、真理を知りたいということで悟りを目指し、サマディを目指しました。私は、カルマによりヒマラヤの聖者に選ばれました。長い間いろいろな真理を求め、また古今東西の心身、魂の健康法やヒーリング、心理療法などを学びました。しかし、真理を悟ることで、これらは枝葉の知識に過ぎないこと、変化する対象の知識であると理解したのです。

悟りへの道に欠かせない大事なことは、無条件のサレンダー、つまり明け渡す行為が必要ということです。そうして初めて安全に成功するのです。そして、悟りに向かうためには段階を追った「八支則」という教えがあります。

この教えを実践していくと、どんどん平和になっていきます。品格のある生き方になるための教えです。

まず言葉と思いと行動でやってはいけないことを戒《いまし》め、同じくすべきことを勧める戒めがあります。それはヤマ・ニヤマと呼ばれる行動の道徳規範です。生活上の心構えであり、正しい生き方なのです。きれいな行為で功徳を積む生き方のガイド、さらにカルマを積まない生き方のガイドです。そして神を信じることです。

なぜなら行為することが、すなわちカルマをつくることになるからです。瞑想の何十分間かで、内側を浄めても、瞑想の時間を除いた一日の中で23時間以上もエゴが増える心のつかい方をしていたら、瞑想の浄化は焼け石に水です。

自分の行為や思いを浄めることが大切であり、気づくことが大切です。

殺生しない。嘘をつかない。盗んではならない。みだらなセックスをしない。

これらが具体的な戒めです。

すべてを慈しみなさい。分け与えなさい。足ることを知りなさい。もっと愛を与えなさい。正直でいなさい。誠実であれ。神を信じなさい。師を信じなさい。清潔にしなさい。真理の智恵を学びなさい。純粋でありなさい。これらが具体的なすべきことです。

これらの道徳的ともいえる教えは、体の行動と、考えと、発語（言葉を発する）という行為を浄めます。悪いカルマを積まないためには、心はいいことにだけつかい、暴力的な言葉をつかわないということも、大切です。日常生活で、カルマを積まない生き方をするのです。このことがしっかりできて、内側の修行の準備となります。生きる行為で精神をしっかりさせて正しくしていくことは、最も大切な修行なのです。

その次にくる内側の瞑想修行より、多くの人は体をつかって心をつかう、生きるための日常生活や仕事に日々を捧げています。そこでの思いや行為をしっかり気づきをもって生きていかないと、カルマを積んで、瞑想は焼け石に水ということになるのです。ですからこのヤマ・ニヤマはとても大切なことなのです。

そうして、内側の変容をしていく道になります。体と心の内側を積極的に浄化していきます。ヨガの座法（アーサナ）は、体のバランスを整え、精神統一し、神に出会っていくために行います。

サマディに向かっていくのです。神に会うために、創造の源にさかのぼり、サマディを目指します。神と一体になっていくのです。それは内側への旅、未知への旅であり、ガイドなしにはできません。

ヒマラヤの聖者はそれを成し遂げた人なのです。そして、あなたもその道を歩んでいくことができるのです。最高の人間完成の道であり、最高の幸せへの道です。

あなたがさらに進化されることを祈ります。

✴自己流で本格的な瞑想をしようとするのは危険
信じることで源につながっていく

ストレッチ代わりや体型維持、柔軟性を高めるといった健康上の理由だけでヨガを続けても、それが瞑想に深まっていくことはありません。

本来のヨガは尊い存在、神につながり、さらに神と一体になっていく修行です。そこには、神を愛する信仰があります。神や悟りのマスターを信頼します。ヨガとは「結ぶ」という意味で、真理と結び、精神を統一すること、つまりそれが信じることを意味するのです。神の力を信じることの先に、神と一体になる究極のサマディがあるのです。その修行法が真のヨガ、ヒマラヤ秘教なのです。神を愛すると無限のパワーをいただけ、生きるのが楽になります。宇宙につながり、その恩恵を受けて生きるということです。

宇宙には太陽と月があり、この肉体の小宇宙にもその働きがあります。それは陽と陰の働きです。それが統合されて、ゼロになる、永遠のいまになるのです。信仰心は源につながることであり、そこからパワーを引き出すことができます。また源に還るには信仰心が欠かせないのです。

そして、あなたの浄化と変容のためには信頼の心が必要です。信頼がなく心のレベルにいると、浄化のプロセスで心がいらないものを引き寄せ、それがとりつくと危険なのです。しっかり自分を信じ、神を信じ、その愛に守られることで、安全にきれいにカルマを浄化でき、さらに進化できるのです。

✴ 人間は小さな宇宙そのもの 心を合わせて祈ることで、大きな宇宙に平和を

私たちは、七つの体から構成されていて、それぞれが違う波動を持っています。

その構成の要素は、自然のエレメント（要素）に対応し、そこからも強い影響を受けています。空気を吸えば、それは人間の全身に行きわたります。風のエネルギーが全身を循環します。そこにあるのが「風の体」です。

体の中には土の体、水の体、火の体、空の体、音の体、光の体などがあって、そうしたものが混在して構成されています。それぞれの中心となるのはチャクラと呼ばれるエネルギーのセンターです。それは生命エネルギーの根源につながるセンターです。

チャクラやそのエネルギーのクオリティによって体質、気質があります。風のエネルギーの強い人は愛に目覚め、精神的なタイプになります。火のエネルギーが強い人はエネルギッシュで活動的なタイプになり、水のエネルギーが強い人は感情の表現が豊かで芸術など表現することが得意になります。土のエネルギーが強く働いている人はスポーツが得意なケースが多いという感じです。

瞑想の過程で、肉体を超えて「風だけの体」「空だけの体」といった感覚を体験することもあります。自然の元素と同化する体験の中でも、土のエネルギーを強く感じると、実際に体が、土を構成する中で最も固い鉄のように固くなります。

源の存在に還って宇宙の真理を知るためには、明け渡すこと、サレンダーが大切です。それらのバランスをよく保ち、浄めていきます。真理に目覚めることでエネルギーをコントロールできるようになっていきます。それがヒマラヤ秘教の実践、私のアヌグラハ・サマディプログラムの実践です。

真理を知り、土と一体となり、そのエネルギーをコントロールできるようになった人間は、大地のエネルギーに影響を与えることもできるようになります。

世界中の人が、小宇宙の心身を変容させることで、自分をコントロールできるようになります。さらに高次元のエネルギーにつながって、みんなで祈れば、自然の怒りも鎮めていかれるようになるでしょう。

あなたが修行をして肉体が平和になりますように。小宇宙も平和でありますように。

そして外の世界、大宇宙も平和になっていきますように。

サマディパワーにつながって、平和でありますように。

＊本当の幸福と平和を伝えていくために サマディからの恵みをシェア

私のサマディからの恵みをシェアします。私は神とつながり、神と一体になる奇跡を体験することができました。ヒマラヤに5000年以上、師から弟子へと口伝《くでん》だけで伝えられてきた秘教を授かったのです。

下界に降りず、ひたすらに奥地で修行を続ける聖者たちもおられますが、私は師に「下界に降り、自分の国で真の幸福を伝えよ」という言葉をいただきました。自らの修行を続けながら、人間が真の幸福を知るために、ひいては世界が平和になるために祈り、幸福への道を伝える使命を担ったのです。

サマディからの智恵と愛をシェアします。具体的には一人ひとりを本当の自分につなげ、真理に導き、真の幸福になっていただくことです。

そして、それを世界中の平和につなげていくことです。それが私に与えられた使命です。

ヒマラヤ秘教は本来、持っているものすべてを捨てて修行する者にだけ伝えられるのですが、日本人であり、女性でもある私が受け継ぐことにより、大きく変わりました。

出家をして修行することができない人、真実を求める人のために、また幸せになりたいすべての人に秘法の瞑想法を伝えます。聖なる音「マントラ」をつかった秘法を伝えています、さらに最速でカルマを焼く効果的なクリヤの瞑想秘法、気づきの瞑想秘法など、サマディから生まれた各種の瞑想法をアヌグラハ（神の恩寵）とともに伝授し、また真の生き方を伝えています。

こうした秘法の伝授を「ディクシャ」といいます。真のサマディを知る師から弟子へのディクシャは特別なもので、それをいただけることは一種の奇跡でもあります。その日のうちに内側から、癒しが起き、幸せになれます。

シッダーマスターは人々への計り知れない慈愛から命を削ってそれを成し遂げ

るのです。

ディクシャをいただいてからは、自分でコツコツと瞑想を続けることができ、さらに、週末や休暇などに師や同じ志の人とともにヒマラヤの洞窟に入ったように、神の恩寵のアヌグラハとともに安全に深い修行をして生まれ変わり、一気に進化することができます。

多くの人がディクシャを受けて変容し、神につながり、どんどんストレスが溶かされ、輝いていく姿を見て嬉しく思います。

意識が進化して愛の人となり、智恵の人になって成長していく姿が未来を明るいものにします。ある方が、修行をしてこんなに最速に、全く自分が変われることが信じられない、何十年もいろいろなスピリチュアルな修行や宗教をしてきたのにと、私のもとでの体験にただ驚き報告してきました。そうした奇跡がいつも多くの瞑想者に起き、それを目《ま》の当たりにした本当に多くの人たちが感動しています。

私は真理を伝えたくて、何冊かの本も書きました。本当はこれらの秘法を言葉で伝えることは非常に難しいのですが、それでも、あなたの幸せのために、可能性のために、ここに私の祈りと愛をこめました。

人生は成長の素晴らしい機会です。

この本を読む人が、ほんの少しでも何かに気づいてくれたら幸いです。

そして、もう少し深く学ぼうと考えてくれたら、これほど嬉しいことはありません。あなたが最高に幸せになることができるのですから。

おわりに

あなたにもっと幸せになっていただきたいと願って、この本を書かせていただきました。

すべてを創造する偉大な見えない存在が、この宇宙のすべてを美しく創られました。そこには計り知れない、あらゆる力が潜んでいます。太陽や月、そして地球も、そこに住む人間も、その力によって生み出されました。

偉大な存在の力は、この体にも心にもあります。私たちは、見ることができ、聞くことができ、話すことができ、考えることができ、歩くことができます。そのうちの一つでも、できなくなると大変です。それらがあって生かされているのですが、そのことがあまりにも当たり前になっていて、感謝することがなくなっています。

それどころか、不満や不足ばかりを思い、あれが欲しい、これが欲しいと飛び回っています。そうしているうちに力が尽きて、いろいろな障害に苦しんでいる人が大勢います。

人間の欲望が大きくなりすぎて、自然の恵みが届かなくなり、自然の法則が狂いはじめているのではないでしょうか。

本当の自分、魂はあなたの中の太陽です。すべてを照らし、すべてをその愛のもとに生き生きと成長させていくことができます。太陽であるあなたの魂は命の働きです。肉体という大地に光を当て、血液を循環させ、すべてを生き生きと機能させます。

美しい行為、美しい言葉、美しい思いが生まれます。それらは、美しいカルマ、幸運をもたらすカルマになります。それは、カルマに翻弄されない、悪いカルマをつくらない生き方です。

あなたの中にある命の働きは、太陽と同じ。やがてあなたは、太陽そのものになります。太陽が輝きはじめると、雲が溶け、青空が広がります。遮るものがない、穢れもない、透明な状態です。そこには、ただ嬉しいということだけがあります。

太陽の光が、そのまま、直接に大地に届くのです。「いま」にあるのです。過去のさまざまな苦しみや痛み、悲しみ、そうしたものが溶けてしまいます。それを可能にするのが、魂つまり本当の自分につながることです。神につながることです。

私は何度も、この本の中でお伝えしました。あなたは祈りによって神につながります。その祈りの最もパワフルなものは、ヒマラヤ聖者から伝えられる、神の音の波動の祈りです。それは高次元の存在が架け橋となって届けられます。それが本文中にお伝えしたディクシャとその音の秘法のことです。

そのことにより、あなたは楽に生きることができます。新しい生き方です。あなたは、よりクリエイティブに、何でもできる力をいただいて、生きることができます。

なぜなら、神聖な力があなたに降り注ぐからです。そこにつながって、それを自然に引き出して生きることができるからです。何でもできて、いつも愛に満ち、幸福に満ちるのです。

ヒマラヤの恩恵は、それを助けるものです。あなたを幸せにするために、あなたの中の無意識のこだわりやいまだ磨かれていない原石を、ダイヤモンドの輝きに変容させる力があります。

心身を浄化して、神我一如となったシッダーマスターは、その変容に力を貸すのです。

ヒマラヤ聖者（シッダーマスター）との出会いは、本当に奇跡の出会いです。でも、それがいま実現するのです。

あなたは、進化するために、最高に幸せになるために、生まれてきています。真理を知ることは、人生の最高の目的です。

本当のあなたへの祈りを捧げます。

あなたが暗闇から光に導かれますように、
あなたが無知から覚醒に導かれますように、
あなたが死から不死に導かれますように、
あなたが本当の進化をしますように。

みなさんが本当に太陽になれる祈りと波動を伝授します。それは神の波動です。
曇りをとる秘法を伝授いたします。
あなたの幸せのために、真の愛を盛り込んでシェアしています。

２０１５年9月　　ヨグマタ相川圭子

✴ヒマラヤ秘教用語解説

●アーサナ

ヨガの座法、ポーズのこと。アーサナは体のバランスを整え、精神統一をして、神に出会っていくための実践法。日本で行われているいわゆる「ヨガ」は、このアーサナが原型となっている。

●アストラル体

アストラル体は心の住処。細やかなエネルギーでできている体。潜在意識があり、心の過去生からの記憶が刻まれている。このエネルギー体が、魂の体を覆う。アストラル体は霊体とも呼ばれる。

●アヌグラハ

すべてを創造した至高なる存在を神といい、そこからの恩寵。心身を浄め、パワーを与える原子力のような神秘のエネルギー。サマディに達した存在はアヌグラハを分かち与えることができる。

●アヌグラハ・サマディプログラム

ヒマラヤ秘教の真理の体験をめざし、最高の人間になるための現代版・実践プログラム。合宿などの研修で、信頼を築き心身を浄め、エネルギーを浄め、無念無想を体験、真理に目覚め生まれ変わる。

●アンダーグラウンドサマディ

密閉した地下窟で、心身を超え、死を超え、究極のサマディ（解脱）に没入。神と一体になり数日間サマディに没入し、その後復活して人々に祝福を与える。インドでは古来、真の悟りの証明。

●カルマ

日本語では「業《ごう》」といわれ、行為とその体験の記憶のこと。記憶はアストラル体の中の心の奥深くに刻まれる。この記憶と行為のすべてがカルマ。カルマから欲望が生まれ行為になる。

●グル

「グ」は暗闇、「ル」は光。暗闇から光に導く存在。精神的指導者、マスター、先生のこと。精神的指導者のグルの中でもサマディマスターは特別な存在。インドではすべての人がグルを持つ。

●公開サマディ
公開サマディは、公の場でサマディを行うこと。「悟り」を証明し、人々の意識の進化のために行われる。インドでは何万・何十万の人が集まり、神の恩寵がそこにいる人すべてに降り注ぐ。

●サット・チット・アーナンダ
サット＝真理、チット＝純粋意識、アーナンダ＝祝福。この三つでできているのが純粋な根源の存在。究極のサマディは、このサット・チット・アーナンダという純粋な最高の意識状態を体験する。

●サマディ
心と体を浄化し超越し、死を超えて、創造の源の神と一体になる。人の意識の究極のステージ。「悟り」はサマディの中で起こる。その時、人はすべてから解放され、真理となり、本当の自分になる。

●サマディマスター
ヒマラヤ聖者であり、真のサマディに達し悟りを得たヨギのこと。シッダーマスターと同じ。祝福で心身を浄化し意識を進化させ、力があり神につなげるディクシャというエネルギー伝授を授ける存在。

●サレンダー
ゆだねる、明け渡す。エゴを落として合一する。信頼し、心の働きを超える。本当の自分、魂、神とマスターに真にサレンダーすることができると、祝福がもたらされ悟ることができる。

●シッダーマスター
マスターとは精神的指導者のこと。意識を進化させ、神につなぐ橋の役割を果たす。ヒマラヤ聖者の中でも、真のサマディを行い、悟りを得た（シッダー）ヨギ。サマディマスターとも呼ばれる。

●チャクラ
体の中にあるエネルギーのセンターであり、生命エネルギーの根源につながっている。チャクラやエネルギーの質により体質・気質がある。アヌグラハ・サマディプログラムで浄められる。

●ディクシャ

「伝授」という意味。エネルギーの伝授、秘法の伝授など、さまざまなディクシャがある。サマディマスターからの伝授で、変容して神につながる。瞑想秘法も伝授され、瞑想を始めることができる。

●ヒマラヤ聖者

ヒマラヤに住むすべての修行者を「聖者」という。真理を知るために、宇宙の法則に従って正しく生き、タパスという苦行をする。その中で、真のサマディに到達した者をヒマラヤ大聖者という。

●プラーナ

日本語でいうと「気」、生命エネルギーのこと。空気中にプラーナがあり、呼吸をすることで取り入れることができる。目に見えないところで人間の全ての機能を働かせる生命のエネルギー。

●マスター

精神的指導者、グルのこと。特にサマディをなすマスターはサマディマスター、シッダーマスターという。知識を与えるということより、祝福して、カルマを浄化する力があり、信頼の対象となる。

●マントラ

日本語の「真言」にあたる。聖なる波動を持つ言葉。シッダーマスターからいただくマントラはサマディの中で発見された。特別な力を持ち、幸運招来、癒し、成功、悟りのマントラなどがある。

●ヤマ・ニヤマ

ヤマは禁ずる戒め。非暴力、正直、不盗、禁欲、不《ふ》貪《とん》の五つ。ニヤマは勧める戒めであり、最初のステップは清潔・清浄の勧め。肉体、そして心を清潔にしていく。

●ヨギ

ヨガの行者という意味ではなく、内なるヨガで本来は「最高のサマディに達した人」のこと。女性の場合はヨギニという。心身を浄め、神と一体になり、愛とパワーと智慧を完成した人となる。

ヨグマタ 相川圭子
（あいかわけいこ）

✴

女性として史上初のシッダーマスター（サマディヨギ／ヒマラヤ大聖者の意）であり、現在、会うことのできる世界でたった二人のシッダーマスターのひとり。5000年の伝統を持つヒマラヤ秘教の正統な継承者。1984年、伝説の大聖者ハリババジに邂逅。高度5000メートルを越えるヒマラヤの秘境にて死を超える修行を重ね、神我一如に長い間とどまる「最終段階のサマディ（究極の悟り）」に到達し、究極の真理を悟る。1991〜2007年の間に計18回、インド各地で世界平和と真理の証明のための公開サマディを行い、その偉業はインド中の尊敬を集める。2007年にはインド最大の霊性修行の協会「ジュナ・アカラ」より、最高指導者の称号「マハ・マンドレシュワリ」を授かる。日本をはじめ欧米などで法話と祝福を与え、意識の進化をサポート。根源のエネルギーにつなげ変容を起こす「ディクシャ」で高次元のエネルギーと音の秘法を伝授。他、各種秘法を伝授し、高次元の愛と叡智をシェア。日本では真の幸せと悟りのための各種研修とリトリートを開催し、人々の意識の進化と能力開発をガイドする。主な著書に『死を見つめるたった1つの方法』（KADOKAWA）、『奇跡はいつも起きている』（大和書房）、『宇宙に結ぶ「愛」と「叡智」』（講談社）、『The Road to Enlightenment: Finding The Way Through Yoga Teachings and Meditation』（講談社USA）など。他にNHK・CDセレクション『ラジオ深夜便 ヨガと瞑想の極致を求めて』などがある。

〈問い合わせ先〉
ヨグマタ相川圭子主宰 サイエンス・オブ・エンライトメント
TEL: 03-5773-9870（平日15時〜21時）
ヨグマタ相川圭子公式ホームページ http://www.science.ne.jp

ヒマラヤ聖者の太陽になる言葉

✳

2015年10月30日初版発行
2015年11月19日6刷発行

著者
相川圭子
発行者
小野寺優
発行所
株式会社河出書房新社
〒151-0051 東京都渋谷区千駄ヶ谷2-32-2
電話 03-3404-1201(営業)
03-3404-8611(編集)
http://www.kawade.co.jp/

ブックデザイン
鈴木成一デザイン室
組版
株式会社キャップス
印刷・製本
図書印刷株式会社

Printed in Japan ISBN978-4-309-02420-2